ライブラリ 論点で学ぶ会計学 ④

論点で学ぶ
原価計算

清水 孝 著

新世社

—— 醍醐　聰・上總康行 編集 ——
ライブラリ 論点で学ぶ会計学　刊行にあたって

　「会計」とは，金額を一定の規則に沿って計算して，記録・報告する技法であり，そこでは常にただ一つの正解が存在しているように初学者は思い込みがちです。

　しかし現実の会計の世界は，そのように単純で平板なものではありません。とくに会計基準の国際化が進行する現在は，正しい答は一つではなく見方が違うと別の答があるという状況にあります。そのような「答が一つでない」ということが，今日，会計学を学ぶうえで重要性を増しているように思われます。こうした見解がわかれる論点を学び，会計上の問題を考える際の複眼的で自立的な見方を身に付けることが，これからの会計学履習者やビジネスパーソンにとって必須となっているのではないでしょうか。

　会計学を学ぶ新たな試みとして，こうした「論点で学ぶ」というアプローチを採り入れたのが，本

　　　ライブラリ 論点で学ぶ会計学

です。会計学各領域において，基本的な解説とともにそこにおける論点・争点や規定と実務との乖離などを紹介・解説して，読者に主体的に問題を考える題材を提供し，それをもとに概念・制度についての基礎的な理解を助け，実践にかかせない応用力を養成することを目指します。

　本ライブラリは，以下のような書目構成からなっています。

　　　1．論点で学ぶ財務会計
　　　2．論点で学ぶ国際財務報告基準（IFRS）
　　　3．論点で学ぶ管理会計
　　　4．論点で学ぶ原価計算
　　　5．論点で学ぶ監査論

本ライブラリ各巻が，会計学を学習する大学生・大学院生，また実務に携わる方々にとって，斯学の進展を捉え，理解を深めるための書として広く受けいれられることを願っています。

編者

まえがき

　近年では，多くの企業が原価計算に対する問題に直面しています。会計システムの更新あるいは ERP システムの導入に際して，自社の原価計算システムを考え直そうとしたとき，問題は突然顕在化します。自社の原価計算がどのように行われているのかが判然としないのです。なぜこのような問題が生じるのでしょうか。その原因はいくつかあると考えられますが，最大の原因は，原価計算のシステムが設計されたのはかなり前で，設計に携わった人々がすでに退職しているため，原価計算のシステムがブラックボックス化しているからです。求められるデータをインプットすれば原価の値がアウトプットされてはきますが，それがどのようなプロセスで行われているのかがよくわからなくなってしまっているのです。

　プロセスがよくわからなくても，計算される原価が生産方法を適切に反映し，妥当なものであればよいのですが，生産形態は 30 年くらい前とは相当変わっている業種が多いのが現状です。原価計算は，生産によって消費される原価財（材料・労働・その他）の価値を，生産される製品（あるいはサービス）に適切に移転させていく計算システムです。したがって，何がどこでどのように消費されているかがわからなければ，当然のことながら適切な原価を計算することができません。人手によって生産していた工場がオートメーション化されたりロボット化されたりすれば，また，少品種大量生産をしていた工場が多品種少量生産を行うようになっていれば，当然に原価財の消費の仕方は変化しているはずで，旧来の原価計算システムでは不十分なことが推測できると思います。

　もう一点言えば，わが国『原価計算基準』（大蔵省企業会計審議会，1962年中間答申）は，中間報告以来 50 年以上が経過しているにも関わらず，一

i

度も改定されていない点も問題です。『原価計算基準』は，中間報告の当時は最新であったのですが，50年以上の年月を経過しており，その規定は若干現状に合わなくなっていることも考えられます。つまり，変化している生産環境に，原価計算の規範となるべき『原価計算基準』では対応できない可能性があるのです。

このような状況の中，それでも企業は原価計算システムを向上させようと努力してきました。『原価計算基準』の規定が陳腐化していたり妥当ではない場合には，個々の企業の状況に適合するように工夫をしてきた企業も多数あります。しかし，その結果，企業の実務は規範理論であった『原価計算基準』とは異なったものとなっている点が多々生じてしまったのです。

それでは，『原価計算基準』の基礎となった原価計算の理論はもはや使用することはできないのでしょうか。筆者は必ずしもそうではないと考えています。『原価計算基準』は中間報告以来50年以上が経過しても，その枠組みは実にしっかりとできています。ただ，現状の生産方法とは適合しない箇所が生じていたり，『原価計算基準』が想定していなかった状況が生じているのも事実です。したがって，原価計算の体系としての枠組みは維持しつつ，改定すべき点は改定し，新たな方法が必要であればそれを付加するという方向性が求められていると考えています。以上のような問題意識が筆者の原価計算研究の原動力であり，本書を執筆した理由のひとつでもあります。

通常は，原価計算のテキストは費目別 → 部門別 → 製品別原価計算といった原価計算の一連の流れを追う形で，理論の解説と数多くの計算例から構成されていますが，本書は，主に『原価計算基準』の規定や伝統的に支持されてきた理論と企業が行っている原価計算実務の間に乖離があるもの，あるいはそもそも『原価計算基準』には規定されていないけれども，企業実務には存在するものについて，10の原価計算領域に関する論点をあげて解説をしています。また，計算的な側面は一部を除き割愛しています。したがって，本書は原価計算の初心者向けに企画されたものではない点を最初にお断りしておきます。

第 1 章は材料費の計算，第 2 章は労務費について，『原価計算基準』を中心とする原価計算の理論が，企業実務にどの程度反映されているかを述べています。第 3 章および第 4 章は製造間接費の部門別計算について説明しています。製造間接費を補助部門経由で製造部門に配賦する方法として直接配賦法，階梯式配賦法および相互配賦法がありますが，実務で使用されているもうひとつの方法としてグループ別階梯式配賦法があります。第 3 章では，この方法と部分的な ABC（活動基準原価計算）を導入した企業実務について説明します。第 4 章では，補助部門費の配賦方法として，理論的な方法である複数基準配賦法について，企業実務の実態に関する考察を行います。第 5 章は，製造間接費の予算に関する理論と実務の相違について説明します。理論的に正確な製造間接費の原価態様を写像すると考えられている変動予算は，実務ではあまり使用されていませんが，その理由について探っていきます。

　第 6 章は，総合原価計算における月末仕掛品の評価方法に関する問題です。理論では先入先出法および平均法などの計算方法が示されるにすぎませんが，実務上の工程のあり方や仕掛品の状況について確認しながら，実際に行われている月末仕掛品の評価方法について述べています。第 7 章は，総合原価計算の理論上もっとも複雑な仕損・減損の処理について説明します。本書ではできるだけ細かい計算方法については説明しない方針でありますが，この章だけは仕損費・減損費をどのように良品に負担させるのか，詳細な計算を示しつつ，実務でこれを適用することがきわめて困難な状態にあることによる実態を説明しています。第 8 章は総合原価計算において，複数製品が生産される場合の組別・等級別総合原価計算および連産品の原価計算について述べています。理論上はこれらの 3 つは明確に区分されていますが，実務上は理論ほど明確には区別されていないことが明らかになっています。第 9 章は標準原価計算です。ここで注目すべきなのは，理論上の原価標準の定義と実務上のそれとの相違と，原価差異の処理方法です。とくに，原価差異の処理方法では，理論（『原価計算基準』）上の原則と例外が，実務では逆転していることについて説明します。補章は，ERP システムと原価計算の関係について

まえがき　　**iii**

述べます。ERP システムの原価計算は，理論で説明されてきたものとは大きく異なっており，これを理解した上で既存の原価計算の枠組みの中でどのように実行していくべきかを述べていきます。

本書の実務に関する実態は，2010 年に実施した調査結果に基づいています。その詳細は，拙著『現場で使える原価計算』（中央経済社刊）で述べましたが，本書の執筆にあたり，今一度理論と実務が大きく乖離しているテーマを取り出し，さらに前著の出版段階で寄せられた，素材系企業と組立型企業の別にデータを分解すべきであるという批判に応えるようデータを再構成してあります。この結果，いくつかの領域では，両産業において明確に原価計算の傾向が異なることが明らかになりました。

本書が一通りの原価計算の学習を終えて，実際に使用可能な原価計算の領域の勉強をしようとする学生や，自社の原価計算システムの更新や改定に携わる方々に対して何らかの貢献ができるとすれば，それは著者にとって望外の喜びです。

最後に，企画から 2 年以上が経過し，執筆が進まぬ中原稿の完成を待っていてくださった新世社の取締役編集部長，御園生晴彦氏には多くの励ましをいただきました。記して感謝申し上げます。

2018 年 1 月

清水　孝

目　次

序章　生産環境の変化と原価計算

0.1　生産環境の変化と原価計算 ………………………………………… 1

0.2　『原価計算基準』 …………………………………………………… 3

0.3　本書の構成 …………………………………………………………… 7

第 1 章　材料費の計算

● 本章の論点 …………………………………………………………… 12

1.1　問題の所在と背景 ………………………………………………… 12

　1.1.1　材料費の計算原則　（12）

　1.1.2　材料費発生のプロセスと論点　（13）

1.2　材料費の計算の理論 ……………………………………………… 15

　1.2.1　材料購入原価の計算（材料副費の処理）　（15）

　1.2.2　消費価格の計算　（16）

　1.2.3　消費数量の計算　（19）

1.3　材料費の計算実務 ………………………………………………… 20

　1.3.1　材料購入原価の計算（材料副費の処理）　（20）

　1.3.2　材料消費価格の計算　（23）

　1.3.3　予定価格の適用　（25）

　1.3.4　消費数量の計算　（26）

● ま と め ……………………………………………………………… 28

　《参考文献》 …………………………………………………………… 28

v

第2章 労務費の計算

- **本章の論点** ……………………………………………………… 29

2.1 問題の所在と背景 ……………………………………………… 29

2.1.1 労務費の定義と工場内人員の種類 （29）

2.1.2 直接工の作業時間 （30）

2.1.3 直接労務費と間接労務費 （31）

2.2 労務費の計算の理論 …………………………………………… 33

2.2.1 賃率の種類 （33）

2.2.2 賃率の計算方法 （34）

2.2.3 作業時間の集計方法 （35）

2.3 労務費の計算実務 ……………………………………………… 36

2.3.1 賃率計算の必要性 （36）

2.3.2 賃率計算の範囲 （38）

2.3.3 作業時間の認識区分 （40）

2.3.4 賃率の計算と測定している作業時間の種類 （42）

2.3.5 賃率計算における賞与の処理 （43）

2.3.6 賃率による管理か工数による管理か （46）

- **ま と め** ……………………………………………………… 47

    《参考文献》 ……………………………………………………… 48

第3章 製造間接費の部門別計算（1）—— 補助部門費の配賦方法

- **本章の論点** ……………………………………………………… 49

3.1 問題の所在と背景 ……………………………………………… 49

3.1.1 製造直接費の賦課と製造間接費の配賦 （49）

3.1.2 製造間接費の配賦基準 （50）

3.2 製造間接費の部門別計算の理論 ………………………………… 52

3.2.1 製造間接費の部門別計算 （52）

3.2.2 補助部門費の配賦方法と配賦基準 （53）

3.2.3 直接配賦法・階梯式配賦法・相互配賦法 （54）

3.2.4 補助部門費の配賦に関する例外 （56）

3.3 部門別計算の計算実務 ……………………………………… 57

3.3.1 補助部門費配賦の実態 （57）

3.3.2 補助部門の実態と補助部門費配賦 （58）

3.3.3 グループ別階梯式配賦法 （60）

3.3.4 製造部門に配賦しない補助部門費 （61）

3.3.5 活動基準原価計算との対比 （63）

• ま と め ………………………………………………… 65

《参考文献》 ………………………………………………… 66

第4章 製造間接費の部門別計算（2）── 補助部門費の配賦基準

• 本章の論点 ……………………………………………… 67

4.1 問題の所在と背景 …………………………………… 67

4.1.1 補助部門費の配賦基準 （67）

4.1.2 変動費の配賦基準と固定費の配賦基準 （69）

4.2 製造間接費の配賦基準の理論 ……………………… 70

4.2.1 単一基準配賦法と複数基準配賦法 （70）

4.2.2 サービスの消費能力 （71）

4.3 補助部門の配賦基準に関する計算実務 ………………… 73

4.3.1 複数基準配賦法採用の実態 （73）

4.3.2 複数基準配賦法と単一基準配賦法の相違 （75）

4.3.3 消 費 能 力 （76）

4.3.4 製造間接費の配賦に関する問題 （77）

• ま と め ………………………………………………… 78

《参考文献》 ………………………………………………… 78

目 次 **vii**

第 5 章　製造間接費の予算

- **本章の論点** ……………………………………………………… 79
5.1　問題の所在と背景 ……………………………………………… 79
　5.1.1　製造間接費の予定配賦率の活用　（79）

　5.1.2　製造間接費の予定配賦率使用の問題　（80）

5.2　製造間接費の予定配賦の理論 ………………………………… 82
　5.2.1　製造間接費の予定配賦率の計算　（82）

　5.2.2　基準操業度の決定　（83）

　5.2.3　固 変 分 解　（85）

　5.2.4　製造間接費の予算編成方法　（85）

　5.2.5　配賦差異の分析と会計処理　（88）

5.3　製造間接費の予定配賦の実務 ………………………………… 90
　5.3.1　基準操業度の選択　（90）

　5.3.2　製造間接費予算の編成方法の実態　（91）

　5.3.3　固変分解と間接費予算　（94）

　5.3.4　配賦差異の処理　（95）

- **ま と め** ……………………………………………………… 98

　《参考文献》 ……………………………………………………… 99

第 6 章　総合原価計算の理論と実務（1）── 仕掛品の評価について

- **本章の論点** ……………………………………………………… 100
6.1　問題の所在と背景 ……………………………………………… 100
　6.1.1　総合原価計算の形態と計算原則　（100）

　6.1.2　個別原価計算と総合原価計算の流れ　（103）

6.2　月末仕掛品の評価に関する理論 ……………………………… 106
　6.2.1　総合原価計算の手続　（106）

　6.2.2　期末仕掛品の評価方法　（108）

6.3　月末仕掛品評価の実務 ………………………………………… 109

viii　　目　次

6.3.1　月末仕掛品の存在　（109）

6.3.2　仕掛品の加工進捗度　（110）

6.3.3　仕掛品の評価方法　（112）

・ま と め ……………………………………………………………… 115

《参考文献》 ……………………………………………………………… 116

第7章　総合原価計算の理論と実務（2）—— 仕損・減損の処理について

・本章の論点 …………………………………………………………… 117

7.1　問題の所在と背景 ………………………………………………… 117

7.1.1　総合原価計算における仕損・減損の形態　（117）

7.1.2　仕損費・減損費の負担のさせ方　（118）

7.2　仕損費・減損費の処理に関する理論 ………………………… 120

7.2.1　仕損および減損の発生形態と認識　（120）

7.2.2　仕損品の評価　（121）

7.2.3　仕損費の完全品への負担（1）：度外視法　（122）

7.2.4　仕損費の完全品への負担（2）：非度外視法　（128）

7.3　仕損費・減損費の処理に関する実務 ………………………… 142

7.3.1　仕損・減損の発生状況　（144）

7.3.2　仕損・減損の処理方法　（146）

・ま と め ……………………………………………………………… 151

《参考文献》 ……………………………………………………………… 152

第8章　組別総合原価計算・等級別総合原価計算・連産品の原価計算

・本章の論点 …………………………………………………………… 153

8.1　問題の所在と背景 ………………………………………………… 153

8.1.1　総合原価計算における原価計算の形態　（153）

8.1.2　組製品と等級製品　（154）

8.1.3　連 産 品　（155）

目　次　ix

8.1.4　原価計算の概要　(156)

8.2　組別総合原価計算・等級別総合原価計算・
連産品の原価計算の理論 ……………………………………… 157

8.2.1　組別総合原価計算の理論　(157)

8.2.2　等級別総合原価計算の理論　(159)

8.2.3　連産品の原価計算の理論　(160)

8.2.4　副産物の原価計算の理論　(162)

8.3　組別総合原価計算・等級別総合原価計算・
連産品の原価計算に関する実務 ……………………………… 163

8.3.1　組別総合原価計算の実務　(163)

8.3.2　等級別総合原価計算と連産品の原価計算の実務　(168)

8.3.3　組別総合原価計算と等級別総合原価計算の異同　(170)

• ま と め ……………………………………………………… 171

《参考文献》 ……………………………………………………… 172

第9章　標準原価計算

• 本章の論点 …………………………………………………… 173

9.1　問題の所在と背景 …………………………………………… 173

9.1.1　標準原価計算の意義　(173)

9.1.2　標準原価と原価標準　(174)

9.1.3　原価差異の問題　(174)

9.2　標準原価計算の理論 ………………………………………… 176

9.2.1　標準原価計算の目的　(176)

9.2.2　原価標準の設定方法　(177)

9.2.3　標準原価計算の記帳方法　(179)

9.2.4　原価差異の種類　(181)

9.2.5　原価差異の処理方法　(184)

9.3　標準原価計算の実務 ………………………………………… 187

9.3.1 原価標準の設定 （187）

9.3.2 標準原価計算の記帳方法に関する実務 （188）

9.3.3 原価差異の種類 （189）

- まとめ …………………………………………………………… 196

《参考文献》 …………………………………………………… 196

補章　工程別総合原価計算と ERP の原価計算

- 本章の論点 ……………………………………………………… 197

A.1　問題の所在と背景 …………………………………………… 197

A.1.1　工程別原価計算の意義 （197）

A.1.2　工程別総合原価計算と ERP 原価計算 （198）

A.2　工程別総合原価計算の理論 ………………………………… 200

A.2.1　累 加 法 （200）

A.2.2　非 累 加 法 （202）

A.2.3　加工費工程別総合原価計算 （203）

A.3　工程別総合原価計算の実務 ………………………………… 204

A.3.1　ERP システムの原価計算モジュール （204）

A.3.2　工程別総合原価計算の実務 （205）

- まとめ …………………………………………………………… 207

《参考文献》 …………………………………………………… 208

索　引 ……………………………………………………………… 209

序　章

生産環境の変化と原価計算

0.1　生産環境の変化と原価計算

　まえがきで述べたように，今日の製造業における製造環境は，わが国原価計算の基礎となる『原価計算基準』（以下，『基準』と略称）が中間報告された頃とは大きく変化してきています。少し例をあげてみましょう。

　FA 化の進展　　まずはファクトリー・オートメーション（FA）が進み，多くの生産工程は機械やロボットが製品の生産にあたっていることがあります。自動車メーカーのウェブサイトを参照すると，溶接工程や塗装工程にはまったく人の姿が見当たりません。もともと，原価計算は工員が生産に直接あるいは間接的に携わる作業をすることによって原価が発生することを想定していました。もちろん，以前から生産機械はありましたが，人的作業と比較すると『基準』が作られた頃は機械作業の割合は今よりはるかに少なかったのです。現在では，これらの例だけではなく，多くの工程で機械が製品を生産し，工員の役割は主に機械をコントロールしたり監視することへと変わってきています。

　多品種少量生産の必要性　　次に，1980 年代頃から，多品種少量生産が行われるようになったことがあげられます。消費者の様々な嗜好や要求に応えるために，企業は数多くの種類の製品を生産するようになりました。生産作業としては，多種類の製品を生産することは手間がかかることは想像でき

1

るでしょう。生産切り換えのために工具の変更や機械の設定変更，試運転などが必要になるからです。また，多品種の製品を生産するために，生産そのものではなく，生産をサポートする部門が増えてきました。調査によれば，生産そのものを担当する部門よりもサポートする部門の方が多いと答える企業さえあるのです。

一個流し・セル生産の登場　さらに，多品種少量生産を行う場合の生産方法として，いわゆるロット生産から一個流しやセル生産方式と呼ばれる方法が導入されたことも変化としてあげられるでしょう。

近代化を支えた大量生産は，少品種の製品を大量に生産することで，製品1単位の原価を下げることが可能になりました。大量生産による生産活動の熟練が生じ，生産能率が上がったり仕損を減らすことで変動費を減少させることが可能になります。また，大量に生産することで製品1単位当たりの固定費の負担額を減少させることも可能になります。複数の製品を生産する場合には，いったん機械を止め，段取り替えを行い，そして一定数量の製品を生産し，機械を止めて…ということを繰り返し（このような生産方法を**ロット生産**とか**バッチ生産**といいます），できるだけ効率的な生産を行ってきました。

近年でも多くの企業でこのような生産が行われていますが，他方で自動車メーカーや電機メーカーでは，いわゆる**一個流し**と呼ばれる生産方法も採用されるようになっています。この生産方法は，製造ライン上を異なる製品が流れていくもので，製品が異なる以上，組み付ける部品や作業は製品ごとに異なり，大量生産方法と比較するといかにも能率が悪く思えます。さらには，分業によって能率を高めてきた方法と真っ向から対立する**セル生産**も現れました。これは，製品が製造ラインを流れ，個々の作業に特化した工具が流れ作業で組み立てていくという方法を捨てて，ひとつの製品を最初から最後まで一人の工員が組み立てていくというやり方です。

『基準』の現在の位置づけ　こうした状況は，『基準』が検討されていた頃にはあまり（ものによってはほとんど）考えられていなかったと思われま

2　序章　生産環境の変化と原価計算

す。原価計算の基本的な考え方は，製品を生産するために消費された財や
サービスの価値を製品に対して移転させていくということです。このため，
財やサービスの消費のされ方が変われば，原価計算のプロセスも変わらなけ
ればならないということです。

　かつては，『基準』は公正妥当な会計慣行としての位置づけがしっかりと
なされていましたが，現在では明確な位置づけは薄れています。とはいうも
のの，多くの企業は『基準』を参考にして原価計算システムを構築していま
すし，公認会計士監査でも『基準』への準拠性はそれなりに守られているよ
うです。というのも，監査意見を表明するときに，原価計算が「適正」であ
るとするためには，何らかの原則に準拠することが必要ですが，準拠すべき
ものが『基準』以外には存在していないからです。そこで，原価計算の基礎
的な枠組みとなる『基準』の内容について次節で少し触れておきましょう。

0.2　『原価計算基準』

　『基準』の概要　　　『基準』は昭和37年（1962年）に当時の大蔵省企業
会計審議会から出されたもので，原価計算を行うための基本的なルールが示
されています。原価計算には，棚卸資産評価や売上原価の計算のための財務
会計目的と，原価管理，予算管理，価格決定および意思決定目的などと
いった管理会計目的があります。『基準』を作成している当時，管理会計目
的に関する諸計算技術についても入れるべきであるとした議論があったそう
ですが，結局はそれらは組み入れられず，ほぼ財務会計目的に特化されたもの
となったと聞いています。

　『基準』の目次については次のようになっています。

　　　第1章　原価計算の目的と原価計算の一般的基準
　　　第2章　実際原価の計算

第1節　製造原価要素の分類基準

第2節　原価の費目別計算

第3節　原価の部門別計算

第4節　原価の製品別計算

第5節　販売費および一般管理費の計算

第3章　標準原価の計算

第4章　原価差異の算定および分析

第5章　原価差異の会計処理

　実際原価と標準原価　　　『基準』の構成は，原価計算そのものの流れに基づいています。第1章では，原価計算の目的や本質を示し，その後，各種の原価の概念について説明しています。原価の諸概念の中で，『基準』はまず実際原価と標準原価について触れています。そこでは，**実際原価**は実際の消費量をもって計算した原価と定義されています（『基準』4(1)1）。他方，**標準原価**は，消費量は科学的，統計的調査に基づいて能率の尺度となるように予定し，かつ予定価格または正常価格を使用して計算されます（『基準』4(1)2）。

　基本的に，原価は価格要素（材料の価格や賃率など）と数量要素（消費された材料の数量や作業時間など）を乗じて計算しますが，実際原価は原則として価格も数量も実際のものを使用します。ただし，価格要素については予定価格（予定賃率や製造間接費予定配賦率）を使用することも認められています。これは，後に述べるように，実際の価格，賃率や製造間接費配賦率を計算するためには時間がかかることや外部環境の変化によって大きく変わってしまうことが理由です。標準原価は，能率の尺度となるように数量要素が予定されます。つまり，「この製品には材料なら2 kgの投入，組み立てるための作業時間なら1時間であることが求められる」，ということです。このように，実際原価は基本的には実際に使用した数量に基づいて計算される原価，標準原価はあるべき原価であると考えられます。

　実際原価計算　　　第2章では，実際原価計算について説明されています。

原価計算は，費目別計算，部門別計算を通じて製品別計算を行っていきます。また，製品原価計算には受注生産に対して行われる個別原価計算と，連続生産に対して行われる総合原価計算があります。どちらの場合であっても，費目別および部門別計算は同じプロセスをとります。

　個別原価計算のもっとも代表的な例は造船業でしょう。船主から1隻のタンカーの注文があり，それを製造します。船は，基本的には船主によって大きさも構造も異なりますので，受注した船一隻はほかにはないものとなります。受注された製品については製造指図書と呼ばれる仕様書が作成され，これに基づいて生産が行われます。しかし，受注生産であっても，上述の船のように1隻だけを生産することばかりではありません。船であっても，同様な船を複数受注することもあるでしょう。また，たとえば自動車メーカーが使用する生産機械も，その自動車メーカーに特有の仕様ではあっても，複数台の受注があることが一般的です。船と並んで受注生産の代表とされる飛行機メーカー，たとえばボーイング社は，細かな仕様は航空会社によって異なりますが，JAL や ANA から同一機種を数機から数十機単位で受注します。このように，受注生産であっても複数の製品を同時に生産する場合には，**ロット別個別原価計算**という手法を使用します。

　他方，市場の動向を見ながら生産計画を立てて製品を量産する場合には，総合原価計算が行われます。もっとも基本的な総合原価計算は，ひとつの製品をひとつの工程で生産する**単純総合原価計算**です。しかし，多くの企業では単一製品のみを生産していることはほとんどなく，複数の製品を複数の工程で生産しています。このような場合の原価計算は（工程別）**組別総合原価計算**となります。ロット別個別原価計算と工程別組別総合原価計算は，個別原価計算と総合原価計算という枠組みは異なるものの，部門別計算まではほぼ同じ計算を行うことになります。このような実際原価計算の種類と一連の流れを丁寧に追ったのが，『基準』の第2章なのです。

　標準原価計算　　これに対して第3章では，標準原価計算のプロセスが説明されています。標準原価計算を行うためには，**原価標準**（製品単位当たり

0.2 『原価計算基準』　　**5**

の標準）を設定しなければなりません。原価標準は直接材料費，直接労務費
および製造間接費の別に決定されます。直接材料費と直接労務費は，製品単
位当たりの標準を決定することはそう難しくはありません。なぜなら，そも
そも**製造直接費**は一定単位の製品の生産に直接認識できるものだからです。
しかし，**製造間接費**は一定単位の製品の生産とは直接関係がなく，した
がってこれを何らかの基準を使用して配賦しなければなりません。そのため
のツールが製造間接費予算であり，第3章はかなりの分量をとってこれを説
明しています。計算問題を解く際には，原価標準は与えられていますが，と
くに製造間接費予算は部門別計算を活用して部門別予算として編成されます
ので，実際原価計算の流れが重要になるのです。

原価差異の算定・分析・会計処理　　　最後に第4章は，実際原価計算を予
定価格，予定賃率および予定製造間接費配賦率を使用した場合に，実際価格，
実際賃率および実際製造間接費配賦率を使用した原価との差額，あるいは標
準原価計算を行った場合に，実際原価との差額として生じる金額の計算およ
び分析について，そして第5章ではその会計処理について述べています。

本書のスタンス　　　かつて，『基準』は商法のいわゆる斟酌規定により，
企業が準拠すべきものであるとされていましたが，現在ではそうした規定は
なく，その規範性は以前よりは小さくなったと考えられています。また，中
間報告以来すでに50年以上が経過しており，当時の生産形態を念頭に置い
て設定されたものは，もはや役に立たないと主張する人もいます。しかし，
実際に原価計算を行おうとするとき，まずは『基準』に沿って考える企業が
少なくないことも確かですし，多くの原価計算のテキストは『基準』に即し
た形で執筆されています。著者は，『基準』は原価計算の考え方を非常に良
く示しているとは思いますが，確かに現在の生産環境の発達・複雑化や理論
の発展を考えると不十分なこともあることは確かです。そこで，本書では
『基準』をベースに，実務の現状や理論との違いについて述べていこうと思
います。

6　　序章　生産環境の変化と原価計算

0.3 本書の構成

　まえがきに示したように，本書は原価計算の初学者向けに書かれたものではありません。そのため，通常の原価計算のテキストであれば必ず数値例をもって説明されている『基準』の内容について細かく示すことはありません。本書は，著者がこれまでの研究の中で知りえた実務の中から，『基準』とは異なる点や，理論では示されていたけれども『基準』にはなかった点，そして理論でも今まで示されてこなかった点について詳細に検討することを目的としています。

　もともと『基準』は，「実践規範として原価計算の慣行のうちから，一般に公正妥当と認められるところを要約して設定されたもの」（『基準』前文）です。しかし，中間報告から50年以上が経過した現在，生産方法の進歩に照らしてその内容が一部不十分となっていることがあることは否定できません。生産方法や経営環境の変化によって，原価計算の慣行も変化していることが想定されるのは前述のとおりです。したがって，『基準』に書かれている原則が実務でも使われているのかどうかを確認すること，そして異なるとすればなぜなのか，その理由を探ることが本書の第一の目的です。

　次に，『基準』には示されていないけれども，原価計算の理論としては存在しているものがあります。たとえば，製造間接費の配賦を行う際に論じられている，補助部門費の複数基準配賦法（製造間接費を変動費と固定費に分類し，補助部門費を製造部門に配賦する際にそれぞれ異なる配賦基準を使用する方法），活動基準原価計算，仕損費のいわゆる非度外視法，さらには工程別総合原価計算の非累加法などがあげられます。これらの方法は，実務では行われているのか否かについて，本書では取り上げていきます。

　最後に，『基準』にも原価計算の理論にも示されていないけれども，実際には企業が採用している方法があるとすればそれはどのようなもので，なぜ採用されているのかについて説明してみたいと思います。

第1章では，材料費の計算にまつわる問題を論じます。材料費の計算は，消費価格に消費数量を乗じて計算することが原則です。このため，材料費の計算では，消費価格と消費数量をどのように決定するかが問題となります。

消費価格で問題となるのは，購入原価の決定と，複数の購入単価のある場合の消費価格の決定です。購入原価の計算に際して，『基準』では，材料の購入原価は，送り状価額に少なくとも材料外部副費を加味して計算することになっています。また，『基準』には消費価格については実際価格として先入先出法，移動平均法，総平均法および個別法を示し，予定価格の使用も認めています。（『基準』11(3)）。理論的には実際価格の先入先出法が使用されることが推奨されますが，実務ではどうなのか，材料外部副費は購入原価に算入されているのかを確認します。

次いで材料の消費数量の求め方については，継続記録法の利用が原則と考えられており，その実務での状況について確認します。

第2章では，労務費，とくに直接労務費に関する問題を論じます。直接工は生産に直接携わっている人々ですが，ラインで生産作業をしている場合はともかく，生産は機械が行っている場合には，直接工直接作業賃金は存在するのでしょうか。実際には直接工と間接工の区別もあいまいになりつつある中で，賃率のあり方を含めて直接労務費の計算について考えていきます。

第3章で扱う製造間接費は，規模の大きい工場では部門別計算をすることが原則となっています。ここでいう部門（原価部門）は，生産作業を行っている製造部門と製造部門を直接・間接に支援する補助部門に分類されます。ここでの問題は，補助部門費をどのように製造部門に配賦するかという点で，実際配賦率を使用する場合には，直接配賦法，階梯式配賦法あるいは相互配賦法によることとなっています（『基準』18(2)）。理論的にはもちろん相互配賦法がより正確な原価計算を行うことができるはずなのですが，実務では直接配賦法がもっとも使用されています。その理由は，単に直接配賦法が簡単だからということではなく，補助部門の形態にも一因があると考えられます。本章では，補助部門費の配賦について詳細な検討を行っていきます。

8 序章 生産環境の変化と原価計算

また，本章では理論では示されず，実務独自に発展してきたグループ別配賦法が示されています。グループ別配賦法と製品に直接配賦される部門費（部分的には活動基準原価計算のようになっています）を組み合わせた，わが国企業独自の原価計算について述べていきます。

　第4章では，第3章に続いて製造間接費の部門別原価計算の説明を行います。補助部門費の配賦に関しては，理論ではかねてより**複数基準配賦法**がよりよい方法であるとされてきました。これは，補助部門費を変動費と固定費に分け，それぞれにとって適切な配賦基準で製造部門へ配賦する方法です。近年では，固定費の増大を受けて，素材系企業を中心に複数基準配賦法の採用が増加しつつあります。そこで，この章では複数基準配賦法の理論と実務について，また，複数基準配賦法の採用の難しさについて述べることにします。

　第5章では，製造間接費の配賦に使用される**製造間接費予算**について論じます。『基準』では，標準原価計算の章の中で，製造間接費予算の種類について固定予算，実査法変動予算および公式法変動予算について説明しています（『基準』41(3)）。理論的には変動予算の方が固定予算よりも正確に原価態様を示すことができるのですが，実務では固定予算が使用されることが多くなっています。しかし，それは単に固定予算の方が技術的に簡単だからではありません。変動予算の問題点とそれを克服するために固定予算に対しておかれている工夫について述べていきます。

　第6章では，総合原価計算における**仕掛品の評価方法**について検討していきます。総合原価計算においては，月末仕掛品の評価をいかに行うかが問題となります。『基準』24では，平均法，先入先出法，予定原価あるいは正常原価法，そして無視法をあげています。理論では，仕掛品は工程の一点にあり，加工進捗度を測定して加工費の配分を行います。ただし，近年の生産方法では，そもそも工程内に仕掛品がなかったり，反対に工程のあちこちに仕掛品が残っていたりする状況もあり，伝統的な原価計算理論では不十分であるとも考えられます。そこで，本章では仕掛品の状況をはじめ，評価方法などに関する実際の状況を調べた上で，実務の対応について考えていくことにします。

0.3　本書の構成　**9**

第7章では，総合原価計算における**仕損・減損の処理**について検討します。総合原価計算において，仕損・減損が生じる場合の処理には，いわゆる度外視法と非度外視法があり，『基準』では度外視法が説明されています。度外視法よりも非度外視法は，理論的には明らかに仕損費・減損費の負担のさせ方として正確であり，仕損・減損の発生形態を正しく原価計算に反映させることができます。しかし，実務では非度外視法はほとんど実施されていません。それは，仕損・減損の発生形態や月末の仕掛品の存在が，非度外視法が前提とする条件よりもはるかに複雑であるからです。実際の状況を踏まえて，仕損・減損の処理がどのように行われるべきなのか，理論を実施することの障害はどこにあるのかについて論じていきます。

　第8章では，組別・等級別総合原価計算および連産品の原価計算に関する問題を取り扱います。総合原価計算において，複数製品を生産する場合，これら3つのいずれかの原価計算が行われます。理論的にはこの3つはかなり厳密に分類できるのですが，実務ではその境界はあいまいで，とくに組別総合原価計算と等級別総合原価計算，等級別総合原価計算と連産品の原価計算は，実務では同じような枠組みで行われていることも少なくありません。こうした実務での扱いについて述べていきます。

　第9章で取り扱うのは**標準原価計算**です。標準原価計算は，古くから原価管理のために，また，迅速な原価計算のために使用されてきました。標準原価計算は，良好な能率の下で達成される単位当たり標準原価であるところの原価標準を使用します。このため，実際に発生した実際原価とは異なることがほとんどです。両者の差額は原価差異となり，理論的には毎月分析され，決算時には会計処理をされることになります。ところが，『基準』に示されている規定と実際に企業が行っている実務には大きな相違があります。なぜ，そのような相違が生じたのか，その原因を含めて述べていきます。

　最後に補章として，**工程別総合原価計算**について，非累加法と ERP の原価計算を論じていきます。工程別総合原価計算には，いわゆる累加法と非累加法があり，『基準』では累加法が説明されています。これまでは非累加法

はあまり採用されていないと考えられてきました。しかし，近年，ERP（Enterprise Resource Planning）システムを導入する企業が増え，原価計算もERPシステムのモジュールで行われるケースが増加していることで，非累加法に改めて注目すべきではないかと考えています。というのも，ERPシステムの原価計算モジュールが行っている原価計算は，まさしく非累加法の計算だからです。これまでは，非累加法による工程別総合原価計算は，工程が多くなればきわめて手間のかかる計算であると考えられてきましたが，コンピュータが計算の手間を解消したのです。この章では，累加法・非累加法を概観し，ERPシステムで行われる原価計算について確認していきます。

第1章

材料費の計算

本章の論点

　本章では，材料費の計算原則を確認し，以下の点について理論と実務の異同を説明します。

① 材料副費の処理方法

② 材料消費価格の計算方法

③ 材料消費量の計算方法

1.1　問題の所在と背景

1.1.1　材料費の計算原則 ───────────

　第1章では，**材料費**の計算にまつわる問題を論じます。材料費はモノの消費によって発生する原価で，原材料や部品など，製品の本体を構成する物品の他にも，消耗品，消耗工具器具備品あるいは燃料といったものもあり，メーカーが幅広く購入する品目で金額も多額にのぼります。なお，本書では，理論的な根拠のひとつとして，すでに述べたように1962年に中間報告された『原価計算基準』を利用しています。以下では『基準』と略称します。

　まず，材料費の計算方法について説明しましょう。材料費は，前述のように「物品（モノ）」の消費によって発生する原価です。物品の原価は価格と

12

数量を乗じて計算することが大原則です。なお，消費数量の計算方法には，後に述べるように，継続記録法と棚卸計算法があります。

> 材料費＝消費価格×消費数量

ただし，消費価格や消費数量の算定は手間がかかったり，材料の種類によっては困難な場合もあるので，そのような場合には期首有高に当期仕入高を加え，期末有高を控除して計算することも認められています。なお，消耗品などの金額が小さいものについては，購入額を消費額とすることも認められています（『基準』11(5)）。

1.1.2 材料費発生のプロセスと論点

材料の価格や数量の算定に手間や困難が生じるのはなぜでしょうか。実は，材料の消費価格は，購入した時に付されている価格とは異なります。また，今日の生産環境では，数十から数百種類の原材料を一日に何回も払出をすることがあり，消費数量を確認することも相当の手間がかかります。こうしたことを確認するために，図表1-1を用いて材料費の発生について説明しましょう。

材料費は，物品の消費によって発生しますが，物品であるゆえに購入→保管→生産現場への払出（消費）というプロセスを経ていくことになります。

図表1-1 材料費の発生プロセス

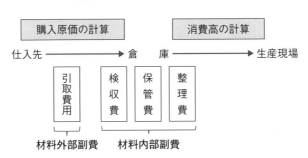

このプロセスの中で，材料費（原料費）がどのように決定されていくか簡単に見ていきましょう。まず，原材料の仕入先から原材料を購入します。このとき，**購入代価**（いわゆる送り状価額，つまり原材料単価×購入数量）が算定されますが，購入代価の他にも**材料外部副費**（支払運賃や関税など）がかかります。次に，配送された原材料が検収を受けて倉庫の中に保管され，払出を待つことになります。このとき，いわゆる**材料内部副費**（検収・保管・払出などに要する費用）がかかります。

　生産工程から要求があり，材料払出表に基づいて原材料が払い出されるときに，原材料は消費されたとみなされて材料費が発生します。つまり，原材料は一般的には購入・保管・払出というプロセスを経て原価となっていくわけです。

　このとき，前述のように材料購入代価の外で発生する費用（**材料副費**＝材料外部副費＋材料内部副費）をどのように材料に負担させるか，すなわちどのように**購入原価**（購入代価＋材料副費）を計算するかというのが第一の論点です。

　購入原価を購入数量で割ると，**購入単価**が計算されますが，第二の論点は，在庫とする原材料に複数の購入単価が存在する場合，払出を行う際にどの購入単価を使用するか，すなわち消費（払出）単価をどう決定するかという問題です。

　払出単価には，大きく分けると**予定単価**と**実際単価**があります。予定単価は，ある一定期間に払い出される原材料の消費単価をあらかじめ定めておくものです。他方，実際単価は，まさに実際の購入単価を使用して消費単価を決定するのですが，実際消費単価の決定方法には先入先出法，移動平均法，総平均法および個別法があり，基本的にはどれを選択してもよいことになっています。

　ここで，第一の論点については，『基準』は原則として購入代価に材料外部副費および内部副費を加算して購入原価としますが，ただし，内部副費は購入原価に含めないこともできると定めています（『基準』11(4)）。また，第

14　第1章　材料費の計算

二の論点については，どの方法を採用すべきかは『基準』は明らかにしていません。第2節では，これらの論点について，『基準』および伝統的理論の説明を行うことにします。

1.2　材料費の計算の理論

1.2.1　材料購入原価の計算（材料副費の処理）

　まず，材料購入原価の計算について『基準』の規定を見ていきます。『基準』11(4) では，購入原価は原則として実際の購入原価とし，次のどちらかの方法によって計算します。

> ①　購入代価＋材料外部副費
> ②　購入代価＋材料外部副費＋材料内部副費
> 　　（ただし，材料内部副費の一部を購入代価に含めないことができる）
>
> 材料外部副費＝買入手数料，引取運賃，荷役費，保険料，
> 　　　　　　　関税等材料買入に要した引取費用
> 材料内部副費＝購入事務，検収，整理，選別，手入，保管等に要した費用

　『基準』では，材料の購入原価は，購入代価（送り状価額）に少なくとも材料外部副費を加算して計算することになっています。それでは，購入原価には材料外部副費が含められていなければいけないのかといえば，必ずしもそうではありません。『企業会計原則注解』(注1) (4) には，「たな卸資産の取得原価に含められる引取費用，関税，買入事務費，移管費，保管費等の付随費用のうち，重要性の乏しいものについては，取得原価に算入しないことができる」とあり，たとえ外部副費であったとしても，重要性が乏しければ（金額が購入代価に比して相対的に少額であれば），取得原価（購入原価）に含めなくてもよいということになります。

1.2　材料費の計算の理論　　**15**

いずれのルールを適用するにしても，購入原価を算定するためには，外部副費と内部副費の金額が購入時点でわかっていなければ，購入時点での購入原価の算定はできません。しかし，これらの多く，とりわけ内部副費については購入時点で判明していることはありませんから，材料副費については予定配賦率によって計算することが認められています（『基準』11(4)）。なお，材料の購入原価に算入されない材料副費は，間接経費とするか材料費に配賦することになります（『基準』11(4)）。

1.2.2 消費価格の計算

次のステップは図表 1-1 にあるように，材料消費高の計算になります。基本的に，材料費（消費高）は消費価格×消費数量で計算しますが，このため，消費価格を決定しなければなりません。消費価格は購入原価をもって計算することになっており（『基準』11(3)），すなわち，購入原価を購入数量で割って計算した購入単価が，その材料が消費されたときの消費価格になります。

ただし，市場からスポット価格で複数回原材料を調達した場合，購入単価の異なる原材料が存在することになります（数か月あるいは一年単位で価格を固定して原材料を買い受ける契約をしている場合はこの限りではありません）。このような場合に，消費価格を決定するための方法がいくつかあります。たとえば，『基準』11(3)では，先入先出法，移動平均法，総平均法および個別法が示されています[i]。また，消費価格については，予定価格の利用も認められています。

まず，**個別法**ですが，これは理論的には注文製品の生産のために購入した引当材料のみに妥当な方法であると考えられています（岡本，2000，p.119）。

---

i 『基準』には後入先出法が示されていますが，平成 20 年（2008 年）に『企業会計基準』第 9 号，「棚卸資産の評価に関する会計基準」において，その利用が認められなくなったので，ここでも省略しています。なお，同基準には，『基準』に示された 4 つの方法の他に，売価還元法が示されています。ただし，原材料については，商品などのように原価率の算定が容易ではない場合も多いため，ここでは説明を省略します。

16 第1章 材料費の計算

なぜなら，量産品のために保有する常備材料に個別法が使用されれば，消費単価が偶然に左右されることがあり，さらには意図的に消費単価の高低を決定することができるからであると考えられています。また，個別に材料ごとに購入単価情報を把握することは，『基準』ができた頃には，きわめて手間のかかることであり，実際のところ適用は不可能であると考えられていたと思われます。後に述べるように，現在ではもちろん技術的には何の問題もありません。さらに問題なのは，あえて単価の高い（低い）材料を選択することによって，当月の原価を恣意的に高く（あるいは低く）誘導することも可能となります。こうしたことから，理論上，個別法の採用は慎重になるべきであると考えられています。

　次は**先入先出法**です。一般的に，原材料については多かれ少なかれ経時的な劣化があると考えられます。したがって，先に仕入れた原材料から先に払い出すことが，こうした劣化を防止するためには必要ですし，実際にもほとんどの企業がこのような原材料の払出を志向していることは容易に予想できます。実際に原材料がそのような動きをするのであれば，原価も同じような動きをさせることによって，実態に即した原価の計算をすることが可能になります。したがって，倉庫内での原材料の動きともっともマッチする方法が先入先出法なのです。ただし，先入先出法は先に倉庫に入った原材料が先に出ていくとみなす方法でもあり，必ず物理的な動きが先入先出であることを保証しているわけではありません。

　移動平均法は，原材料を購入した時に，保有する原材料と購入した原材料の金額から平均値を次のように計算します。

（保有原材料の購入単価×保有数量＋購入原材料の購入単価×購入数量）

÷（保有数量＋購入数量）

　原材料を購入する都度その平均価格が計算されるため，移動平均法と呼ばれるのです。原材料の購入価格に違いがあるとしても，保有している同一原材料に違いがあるわけではありません。このため，保有している原材料の価

1.2　材料費の計算の理論　**17**

格は同一になると考えれば，移動平均法は適切になります。また，原材料の払出については，先入先出となることが普通であると述べましたが，たとえば原料が液体で，ひとつのタンクで貯蔵するような場合には，先入先出の仮定は正しくなくなってしまいます。つまり，先に入った原料を先に取り出すことが物理的に不可能になるのです。このようなケースでは，タンクの中で保有していた原料と新たに購入して貯蔵する原料が混じりますので，移動平均法の計算がよく適合することになります。

総平均法は，一か月（あるいは四半期，半年，一年）間のすべての同一原材料の購入が終わった後に，以下の式でひとつだけ消費単価を決定します。

（月初保有原材料の購入単価×保有数量＋一定期間の購入原材料の購入原価）

÷（月初保有原材料の保有数量＋一定期間の購入原材料数量）

この方法は，これまでの3つの方法と異なり，一か月（あるいは四半期，半年，一年）間で使用される消費単価はひとつだけになります。したがって，消費単価の計算も月に一回（あるいは四半期，半年，一年に一回）でよいということになります。他方，計算式から明らかなように，総平均法の計算は一定期間の購入原材料の購入原価が確定しないとできないので，これまでの方法と比較すると，消費単価の決定が遅くなってしまうという欠点もあるとされています。いずれにしても，たとえ原材料の購入時点が異なり，購入単価が異なったとしても，生産に投入される原材料は同じものである以上，同一の消費単価が付されるべきであるという考え方は，棚卸資産評価の観点からは妥当なものであると考えられます。

最後に予定価格について説明しておきます。予定価格は文字通り原材料の価格をあらかじめ定めておくもので，理論的には原価の変動を抑えたり，実際消費価格の計算による原価計算の遅延を回避するために使用されると考えられています。予定価格には，原材料を入庫する際に付される受入予定価格と出庫する際に付される消費予定価格があります。

18 第1章 材料費の計算

1.2.3 消費数量の計算

　消費数量を認識する方法としては，継続記録法と棚卸計算法があります。**継続記録法**は払出の都度数量を認識して記帳する方法です。基本的には，消費された材料の数量は，継続記録法によって払出ごとに測定されていなければなりません。それは，後に述べるように消費数量を正確に測定することと，棚卸減耗を認識するために必要だからです。継続記録法を用いると，材料勘定の借方には月初有高をはじめ，原材料を仕入れた時に購入単価，購入数量，そして購入原価が記帳されます。他方，貸方にも払出ごとに払い出された数量，消費価格，消費金額（原材料費）が記帳されることになります。

　しかし，原材料の払出は，量産品の場合一日に数回にわたることもありますし，ねじやくぎなどの消耗品については，一度に何本払い出したかを確認して記帳することは，手作業で行えばきわめて煩雑であるといえます。そこで，『基準』11(2)では，原材料の実際消費量は原則として継続記録法であるとしながらも，それが困難であったり必要ないものについては，棚卸計算法が適用できることを定めています。**棚卸計算法**では，原材料を仕入れた時に，材料勘定の借方に購入単価，購入数量および購入原価が記帳されますが，払出の際に貸方に記帳されることはありません。月末に実地棚卸が行われて，貸借差額によってその月の消費数量を決定することになります。

　棚卸計算法の問題点は，消費数量（そして消費額）が推定値にならざるを得ないということです。継続記録法では，購入も払出もすべて記帳されていますので，常に帳簿棚卸数量と帳簿棚卸高を計算することができます。月末に，帳簿棚卸数量（高）と実地棚卸数量（高）を比較することで，**棚卸減耗**，すなわち帳簿上は存在するけれども，減失，粉散，盗難などでなくなっている原材料の数量（と金額）を認識することができます。しかし，棚卸計算法は，**図表 1-2** にあるように，消費額には棚卸減耗費が含められてしまいます。棚卸減耗がどのくらい存在するのかがわからなければ，これを管理することはできません。このため，理論的には原材料に関してはできるだけ継続記録法を使用すべきだと考えられているのです。

1.2　材料費の計算の理論　　**19**

図表 1-2　継続記録法と棚卸計算法

継続記録法

月初有高	消費額①
購入原価①	消費額②
購入原価②	消費額③
購入原価③	
購入原価④	帳簿残高

実地棚卸高と比較して棚卸減耗を算定

棚卸計算法

月初有高	月間の消費額（棚卸減耗を含む）
購入原価①	
購入原価②	
購入原価③	
購入原価④	実地棚卸高

- 購入原価を，購入単価，購入数量とともに原材料購入の都度記帳。
- 継続記録法の原材料消費額は，消費単価 × 消費数量で記帳。このため，消費数量を払出の都度決定しなければならない。
- 棚卸計算法の原材料消費額は，（月初有高＋各回の購入原価－実地棚卸高）で計算され，消費数量も月初棚卸数量＋各回の購入数量－実地棚卸数量で推定される。

1.3　材料費の計算実務

1.3.1　材料購入原価の計算（材料副費の処理）

　それでは，実務でどのように材料購入原価が行われているのか見ていきましょう。なお，本書で示している調査結果は，2010 年から 2011 年にかけて，当時日経 NEEDS に登録のあった製造業 1,283 社に調査票を送り，200 社の回答を得たものを使用しています。この調査の詳細は清水孝（2014）『現場で使える原価計算』を参照してください。同書の出版当時は，回答した全企業の合計データのみを示していました。しかし，いわゆる素材系企業と組立型企業では，生産形態が大きく異なり，これに適応する形で原価計算の方法も異なるはずです。こうした相違をもう少し考慮すべきであるという声があったことを受け，本書では回答データを 2 つの群に分解しました。

　ひとつの群は素材系企業で，食品，繊維，パルプ・紙，化学，医薬品，石油，ゴム，窯業，鉄，非鉄金属の 93 社です。もうひとつの群は組立型企業

20　第 1 章　材料費の計算

図表 1-3　材料の購入原価に含める材料副費の範囲（複数回答あり）

	全企業		素材系企業		組立型企業	
	社数	割合（%）	社数	割合（%）	社数	割合（%）
①すべての外部副費	93	46.5	56	60.2	28	30.1
②一部の外部副費	57	28.5	20	21.5	36	38.7
③すべての内部副費	17	8.5	9	9.7	7	7.5
④一部の内部副費	31	15.5	10	10.8	19	20.4
⑤材料副費は購入原価に算入しない	42	21.0	13	14.0	27	29.0
無回答	4	2.0	4	4.3	0	0.0
回答企業数	200		93		93	

出典：清水（2014, p.28）に加筆

で，機械，電気，造船，自動車・自動車部品，その他輸送機械および精密機械の93社となっています。その他製造業および産業不明であった14社は，これらのデータには含まれていません。以下の集計表では，全企業の部分は前著から引用したものですが，素材系および組立型企業の欄は，今回初めて加えたものとなっています。

『基準』の文言に従えば，**図表1-3**の②や⑤は材料購入原価の計算原則に対して反しています。もちろん，前述のように企業会計原則（あるいは連続意見書）にあるように，重要性の原則が働けば，外部副費であっても購入原価に含めないことはあり得るのですが，それにしてもこのような実務はなぜ起こっているのでしょうか。

このことには2つの点がかかわっていると考えられます。ひとつは，外部副費といえども購入時点で詳細が判明していない場合があること，もうひとつは，たとえ購入時点でそれが判明していたとしても，数百点，場合によっては数千点もあるような原材料（とりわけ買入部品）に対して，その都度外部副費を紐づけていくのはきわめて手数がかかるという事実です。

外部副費は，外部に支払いを伴う費用ですから，関税などについては原材料の受入時点で判明しているはずです。しかし，支払運賃などについては，

1.3　材料費の計算実務　**21**

その都度現金払いをするようなケースではどの配送にどの運賃がかかっているかがわかりますが, 月ぎめで運送会社に一括払いするようなケースでは, 月末を待たないと詳細がわからないこともあります。

また, 仮に伝票ベースでは個々の配送運賃が明確になっていたとしても, 自動車メーカーや機械メーカーのように, 大量の部品を抱えている場合には, その都度購入部品などに外部副費を**賦課** (あるいは**直課**) または**配賦** (1回の配送で複数種類の部品が配送される場合など) することは, きわめて面倒な作業となります。現代では, 計算そのものの手間を考える必要性はそれほど大きくありませんが, 計算をするためのデータを作成するための手間は依然として残ります。一種類一配送であるならともかく, 複数種類一配送の場合には, 各部品へ配送費を配賦しようとすると, 購入金額を配賦基準として計算することなどが考えられますが, このような手間をかけることなく, 外部副費勘定にプールしておいて, 月末にプールされた金額を一括して払出高と月末有高に配賦するか, 間接経費として処理する方法の方が明らかに手間はかかりません。

さらに言えば, 外部副費が相当額にならない限り, これを購入原価に反映させなくても直接材料費がゆがむことはないとも考えられます。

以上を総合して考えると, 次のようなことになると思われます。

①関税などの重要な外部副費は原則として該当する原材料に直課する。
②重要な金額の外部副費で複数の原材料の購入に共通して発生しているものは, 各原材料の購入額 (購入代価) を配賦基準としてその都度関連する原材料に配賦することが望ましい。
③重要性の乏しい外部副費は, 月末において材料払出額と材料月末棚卸高に対して配賦するか, 間接経費として処理する。

なお, 素材系企業と組立型企業では, 外部副費の扱いについて大きな相違が生じていることがわかります。組立型企業では, 外部副費であっても購入原価に含めない割合が高くなっています。このことは, 組立型産業の材料の

22　第1章　材料費の計算

多様性に起因しています。組立型産業，とりわけ電気あるいは自動車産業では，きわめて多数の買入部品が存在します。これらについて，個々に外部副費を認識させようとするのはきわめて手数がかかりますし，多種の買入部品に共通に発生する外部副費も生じてきますので，これらを上記のようなプロセスで処理することは実際には難しいといえます。このため，外部副費であっても購入原価に加算しないで処理する選択肢をとる企業が多くなっていると考えられます。

　他方で，組立型企業は，内部副費であっても一部は購入原価に加算する企業が素材系企業よりも多いこともわかりました。買入部品点数が多くなると，仕入れてからの管理活動が多くなり，そこに原価が発生するために，合理的に配賦可能な内部副費については部品に配賦するという姿勢がうかがえます。

1.3.2　材料消費価格の計算

　材料消費価格の計算は，1.3.1 で述べた材料副費の計算と密接にかかわっています。実務で採用されている材料消費価格の計算は，図表 1-4 に示しています。

　まず，個別法から見ていきましょう。前述の通り，個別法は手間がかかることや恣意的に原価を操作する可能性を排除できないことから，理論上は推

図表 1-4　消費価格の採用状況（複数回答あり）

	全企業		素材系企業		組立型企業	
	社数	割合（%）	社数	割合（%）	社数	割合（%）
個別法	20	11.5	3	3.7	16	20.0
先入先出法	22	12.6	10	12.3	11	13.8
移動平均法	59	33.9	29	35.8	27	33.8
総平均法	103	59.2	52	64.2	43	53.8
その他	7	4.0	1	1.2	5	6.3
回答企業数	174		81		80	

出典：清水（2014, p.30）に加筆

1.3　材料費の計算実務

奨されない方法です。しかし，今日の倉庫の状況などを見てみますと，こうした議論は意味がない場合もあります。

たとえば，最新の自動倉庫を考えてみます。多くの自動倉庫では，個々の原材料や部品のパッケージに購入原価情報を貼り付けることができます。その上で，先に入庫した原材料を先に払い出すプログラムを作成しておけば，みなし法ではない完全な先入先出法を適用することが可能になります。通常は，先入先出法は先に入庫したものが先に払い出されるという前提（みなし）に基づいており，本当に先入先出になっているかどうかは問いません。しかし，今日の技術の下では，確実に先に入庫したものが先に払い出されていき，その原価情報も個別に把握することが可能になっています。こうした状況は「個別法」というのでしょうか，それとも「先入先出法」なのでしょうか。

『基準』ができた頃には手間がかかりすぎて不経済だったり不可能だったことが，今日では容易に実施できるようになっていることも少なくありません。こうした状況の下では，どの方法を適用するか，ということよりも，どのように原価を計算するかという原則に基づいて原価計算システムを構築することが必要であると思われます。

他方で，個別法を採用している組立型企業が多いことにも注目してみましょう。このことはふたつの側面から考えることができそうです。一点は，前述のように部品点数が多くなることから，これを管理するための仕組みが発展してきているということです。組立型企業では，素材系企業と異なり，部品も個々に管理することが可能です。もう一点は，引当材料が多く存在するということです。組立型企業では，顧客の企業から注文を受けて機械などを生産する場合，特注の部品などを必要とする場合があります。これらの部品は，特定の顧客向けのものなので，個別管理する必要があり，これが個別法につながると考えられます。

次に先入先出法について見ていきます。理論的にはモノの流れと原価の流れを一致させることができる先入先出法は，もっとも優れた方法であると考

えられています。ところが，調査の結果は，先入先出法を使用している企業は12.6％にとどまっています。これはなぜなのでしょうか。先入先出法を使用するためには，理論上は材料外部副費を購入ごとに材料購入代価に加えなければならないため，その適用が困難であるということも考えられなくはないのですが，移動平均法を採用している企業が33.9％もあることから，この理由には無理があります。結局，これは企業が使用している原価計算のシステムにどちらが採用されているかの問題なのではないかと思われます。

　平均法を使用する企業がもっとも多い理由は，やはりその簡便性にあるでしょう。先入先出法や移動平均法とは異なり，消費価格の計算を月一回（あるいは四半期，半期，一年に一回）で済ませることができます。また，副費を購入の都度購入代価に加算するのではなく，一か月の購入代価の合計額に副費の合計額を加算すればよいのですから，前述のような問題点も回避できます。さらに，理論編でも示したように，その月（あるいは四半期，半期，一年）に生産された同一製品の原材料費単価を同一に保つことができるため，棚卸資産評価に有用であるという利点もあります。

1.3.3　予定価格の適用

　図表1-5には，予定価格の適用状況がまとめられています。

　全企業では4社ほど複数回答をしている企業がありますが，おおむね予定価格を使用している企業と使用していない企業は半々くらいであるということがわかります。予定価格を使用している企業では，原材料の受入時点で予定価格を付している企業が33.5％，出庫時点で予定価格を付している企業が25.0％となっています。この状況は，素材系企業と組立型企業でも大きく異なることがありませんでした。

　予定価格の決定方法としては，短期の予測値，それまでの実績値，あるいは過去のデータから類推などがありますが（清水，2014，p.34），過去の実績に基づいて決定される傾向が強いようです。また，価格変動がある場合には予定価格も短期的に変更されることがあり，毎月（9.7％）あるいは四半

図表1-5　予定価格の適用状況（複数回答あり）

	全企業		素材系企業		組立型企業	
	社数	割合（%）	社数	割合（%）	社数	割合（%）
原材料の入庫時点で予定価格を適用	67	33.5	33	35.5	29	31.2
原材料の出庫時点で予定価格を適用	50	25.0	22	23.7	25	26.9
予定価格は使用していない	85	42.5	39	41.9	40	43.0
無回答	2	1.0	1	1.1	1	1.1
回答企業数	200		93		93	

出典：清水（2014, p.34）に加筆

期（5.3％）予定価格を改定するとする企業もあり（清水，2014，p.35），この点は直接労務費を計算する場合の予定賃率や製造間接費を計算する場合の予定配賦率の改定頻度とは大きく異なっています。

　予定価格を使用した場合には価格差異が生じ，これを適切に会計処理することが求められますが，これに関しては第9章で詳しく説明することにします。

1.3.4　消費数量の計算

　消費数量の実施状況は，図表1-6に示した通りです。

　理論上，主要材料・原料・買入部品などの直接材料費となるものについては，継続記録法で消費数量を計算することが望ましいと考えられています。しかしながら，図表1-6にあるように，これらであっても35.5％の企業が棚卸計算法を使用しています。一方で，補助材料などの間接材料費であっても，継続記録法を使用している企業が54.5％あります。

　後に述べるように，近年ではERPシステムに付随する原価計算モジュールで原価計算を行う企業も増加しています。これらのシステムを活用すれば，原材料の払出はその都度認識されるはずなので，どのような原材料でも継続記録法で記帳することは不可能ではありません。

図表1-6　材料消費数量の計算方法（複数回答あり）

主要材料・原料・買入部品						
	全企業		素材系企業		組立型企業	
	社数	割合（%）	社数	割合（%）	社数	割合（%）
継続記録法	174	87.0	81	87.1	80	86.0
棚卸計算法	71	35.5	33	35.5	35	37.6
回答企業数	200		93		93	
補助材料・工場消耗品・消耗工具器具備品・燃料						
	全企業		素材系企業		組立型企業	
	社数	割合（%）	社数	割合（%）	社数	割合（%）
継続記録法	109	54.5	57	61.3	44	47.3
棚卸計算法	140	70.0	60	64.5	72	77.4
回答企業数	200		93		93	

出典：清水（2014, p.29）に加筆

　ある原材料が単一の製品の生産のためにのみ払い出されている場合，つまり，すべての払出が特定の製品に紐づけられている場合には，棚卸減耗を認識する必要がなければ棚卸計算法を使用していてもさほど問題にはならないはずです。これは工場内での処理の問題になりますが，原材料の払出を請求するための書類（原材料払出票・原材料払出指示書）が作成されている場合，少なくとも払出数量は記入されていますから，帳簿棚卸数量と実地棚卸数量の差を認識することはできます。この場合には，棚卸減耗も計算することができますので，必ずしも継続記録法をとる必要はないと考えることもできます。要は，実務上でどこまで原材料元帳への記録をする手間を許容するか，ということになります。仮に棚卸減耗は認識したいけれど，継続記録法はとりたくないということであれば，数量管理を徹底させる工夫をすればよいのです。

　しかし，重要な原材料や複数の製品の生産に使用される原材料については，継続記録法を使用すべきなのは言うまでもありません。この点，素材系企業も組立型企業も，主要材料・原料・買入部品についてほぼ同様な状況でした。

1.3　材料費の計算実務　**27**

これに対して，間接材料については，組立型企業の方が，やや棚卸計算法を使用する傾向が強いようです。

まとめ

　実務における材料副費の計算は，『基準』にあるように「外部副費だから…あるいは内部副費だから…」といった杓子定規なものではなく，材料副費が発生する実態に合わせた処理が行われています。その理由は，材料副費の発生形態がきわめて複雑であるからだと考えられます。

　企業が利用している消費価格の計算方法は，総平均法が多いのですが，組立型企業で2割の企業が個別法を採用しています。これは，個別の注文に対応した部材（引当材料）が多くなること，そして部材数も多くなり個別の管理が必要であることを意味しています。

　消費数量に関する利用実態は，主要材料でも棚卸計算法を利用する企業が少なくなく，このことは材料管理の難しさを表しています。

《参考文献》

岡本清（2000）『原価計算』六訂版，国元書房

清水孝（2014）『現場で使える原価計算』中央経済社

第2章

労務費の計算

本章の論点

　本章では，労務費の計算原則を確認し，以下の点について理論と実務の異同を説明します。

① 賃率計算の有無とその範囲

② 作業時間の測定

③ 賃率計算の方法

2.1 問題の所在と背景

2.1.1 労務費の定義と工場内人員の種類 ―――――――

　第2章では，労務費の計算にまつわる問題を論じます。**労務費**は工員や事務員が提供する人的な労働サービスの消費によって発生する原価です。材料費と同様に，労務費にも**直接労務費**と**間接労務費**があります。

　直接労務費は，製品の生産のために直接行われる作業に対して支払われる労務費であり，間接労務費は製品の生産には直接携わらないが，製品生産をサポートしたり，事務的な活動を行うために支払われる労務費です。

　こうした労務費の主体となるのは工員や事務員といった人員ですが，その作業と合わせてもう少し詳しく分類すると**図表 2-1** にあるような人々がい

図表 2-1　工場内人員の分類

人員	業務	所属部門
直接工	製品の生産（直接作業）を行う。切削業務，研磨業務，組立業務，塗装業務，プレス業務，鋳造業務，鍛造業務，射出成型業務などを行う。その他。	製造部門
間接工	生産の補助業務（間接作業）を行う。原材料搬送業務，動力生産業務，修繕業務，品質検査業務，製品検査業務，試作業務，開発業務，工具製作業務などを行う。	補助部門（補助経営部門）
事務員	工場事務を行う。経理業務，総務業務，人事業務などを行う。	補助部門（工場管理部門）

ます。

　直接工は，基本的には製品の生産に携わる直接作業に従事します。そして，複数の製品の生産にあたることも多くなっています。しかし，直接工は工場の中にいるすべての時間を生産のために消費するわけではありません。機械などの調整を行っている時間もあれば材料などを待っている時間もあります。こうした状況が，原価計算を若干複雑にしています。間接工は，製品の生産に直接関与はしませんが，生産の補助を行う作業をする人々です。また，作業現場ではなく，経理や総務などを行う人々が事務員です。

2.1.2　直接工の作業時間

　それでは，直接工の作業時間を図表 2-2 のように分類してみましょう。

図表 2-2　直接工の作業時間

作業時間の区分			作業の種類
就業時間	直接作業時間	加工時間	切削業務，研磨業務，組立業務，塗装業務，プレス業務，鋳造業務，鍛造業務，射出成型業務など
		段取時間	機械・工具の切り替え，試運転など
	間接作業時間		簡単な修繕，材料運搬，整理整頓など
	手待時間		無作業時間
定時休憩時間			休憩時間

30　第 2 章　労務費の計算

まず，工場の中で稼働している就業時間と定時休憩時間に分類されている
のがわかります。次に就業時間は，作業の種類によって3つ，すなわち**直接
作業時間**，**間接作業時間**および**手待時間**の3つに分類されます。**直接作業時
間**は，製品の生産を行うための諸業務を行う**加工時間**と，製品切り替え時に
生じる**段取時間**があります。しかし，直接工は機械の簡単な修繕，材料を取
りに行く，身の回りの整理整頓などを行うこともあり，これらは**間接作業時
間**に分類されます。さらに，就業時間内であっても何もしていない時間があ
ります。これは材料が配送されてくるのを待っている時間，前の作業が終わ
るのを待っている時間などで，手待時間と呼ばれています。**手待時間**は，た
とえば材料配送待ちの場合は自分で取りに行けば，その時間は間接作業時間
になりますし，前の作業の手伝いに入れば直接作業時間となります。手待時
間は，何も生産しない時間なので，工場ではできるだけ手待時間を少なくす
ることが求められます。

2.1.3　直接労務費と間接労務費

　こうした人々の労働の対価として支払われるものが労務費であり，**図表
2-3**にあるように，直接労務費と間接労務費に分類されます。

　労務費の計算は，次のように行われます。

図表 2-3　直接労務費と間接労務費

労務主費	直接工	直接作業賃金	直接労務費
		間接作業・手待賃金	間接労務費
	間接工	間接工賃金	
	事務員	給料	
労務副費	直接工・間接工・事務員	賞与・各種手当・福利費等	

2.1　問題の所在と背景　　**31**

> 労務費＝賃率×作業時間
>
> 労務費＝支払額（＋当月未払額－前月未払額）
>
> 労務費＝当月負担額

　材料費と同様に，労務費の計算方法にも複数の考え方があります。1番目の式は，賃率，すなわち時間当たりの賃金に作業時間を乗じて計算するものです。これは，直接工賃金に対してのみ使用されます。

　間接工賃金および事務員給料は，2番目の式で計算することになっています。未払額の調整を行うのは，賃金や給料の支払期間と原価計算期間がずれていることが原因ですが，現実には間接工や事務員の多くは月給制で雇用されています。この場合基本給は，1日から月末まで働いた場合の金額を給料日に支払うことになっていますので，こうした調整を加える必要はありません。しかし，残業手当や休日出勤手当などは，締め日が必ずしも月末ではないでしょうから，こうした場合には調整が必要になります。

　さて，それではなぜ直接工だけに賃率の計算が必要になるのでしょうか。それには2つ理由があります。ひとつは，製品に対して直接労務費を賦課する必要があるからです。直接工は，受注生産あるいは連続生産にかかわらず，複数の製品の生産に携わることがあります。直接労務費は，各製品の生産に対する労務サービスの消費量を直接測定できる原価です。すなわち，どの製品にどれくらいの作業を行ったかが認識できるのです。このため，複数の製品の生産を行っている場合には，それぞれの製品に要した直接作業時間に賃率を乗じて，製品別の直接労務費を算定しなければなりません。

　第二に，直接工の就業時間は，直接作業時間のみから構成されるのではなく，間接作業・手待時間を含みます。これらの時間に対しても賃金は支払われているわけで，その賃金は間接労務費として認識しなければなりません。この場合，直接工間接作業・手待賃金もそれぞれの時間と賃率を乗じて計算します。

　他方，間接工や事務員の賃金や給料は，すべて製品との関係性を直接に見

出せない間接労務費となります。間接労務費は，間接材料費および間接経費と一括して，製造間接費として適切な配賦基準を使用して製品に配賦しますので，個々の賃率を計算する必要がありません。

以下では，賃率計算に関する論点として，理論と実務を比較していきます。

2.2 労務費の計算の理論

2.2.1 賃率の種類

すでに説明してきたように，直接工に支払われた賃金を**直接労務費（直接工直接作業賃金）**と**間接労務費（直接工間接作業・手待賃金）**に分けるとともに，直接労務費を製品に対して賦課するためには，賃率の計算をしなければなりません。

ところが，『基準』には賃率の種類を示してはいるものの，それをどのように計算するかが示されていません。そこで，賃率をいかに計算するかが問題となります。

図表 2-4 は，『基準』12(1) と通説を組み合わせて作成した賃率の種類です。『基準』では，個別賃率を予定賃率で使用することを定めていませんので[i]，図表中は △ にしてありますが，たとえ個別賃率を使用している場合であっても，予算を組んでいることは明らかなので予定個別賃率の利用を否

図表 2-4　賃率の種類

	実際賃率	予定賃率
個別賃率	○	△
職種別平均賃率	○	○
工場平均賃率	○	○

---

i 『基準』12(1) には，「平均賃率は，必要ある場合には，予定平均賃率をもって計算することができる」とされていて，明示的に予定個別賃率を示してはいません。

2.2　労務費の計算の理論　**33**

定する理由はないと思われます。個人の作業が製品原価に大きな影響を与える場合には，個別賃率を使用することが妥当となりますが，それを予算ベースで計算しておくことに何の問題もないからです。

他方，各工程や作業部門ごとに要求される資格や熟練度が異なる場合には，**職種別平均賃率**が，また，そうした相違が認められない場合には**工場全体の平均賃率**が利用されます。両者ともに，実際賃率および予算段階で決定される予定賃率が利用可能となります。

2.2.2　賃率の計算方法

原価計算に関する基本書（岡本，2000，p.137）には，**賃率は基本給に加給金**を加え，その合計を**就業時間**の合計で割って求めると書かれています。

> **賃率＝(基本給＋加給金)÷就業時間**

ここで，加給金とは，残業手当，休日出勤手当，資格手当および危険手当など，実施する作業に付随して支払われる賃金のことをいいます。注意しなければならないのは，通勤手当，家族手当あるいは住宅手当のような作業とは関係なく支給される手当は間接労務費になるということです。

ここで問題となるのは賞与についてです。アメリカでいうボーナスは，利益が生じたときに管理職に対してその分配として支払われるものですが，日本においては全従業員に対する給与の後払いであるとする考え方が定着しています。仮に賞与が給与の後払いであるとすれば，賃率を計算する場合の基本給と何ら差異はないことになります。もちろん，日本の賞与も前年度の会社の業績によって決定されていますので，利益配分的な性格もないわけではないのですが，仮に給与の後払分が賞与に含まれるとすれば，月々の賞与引当金繰入額（のうち利益配分分を含めない金額）を賃率計算に含めてもよいということになります[ii]。

結局，何が理論的であるのかは明確ではない状況で[iii]，ここではとりあえず，基本給と加給金の合計を就業時間で割る，という計算式をデフォルトと

34　　第2章　労務費の計算

して考えることにします。

2.2.3　作業時間の集計方法

　次に作業時間の集計方法について説明します。直接工がどの製品の生産にどのくらいの時間をかけていたのか，また，直接作業ではなく間接作業や手待時間がどのくらいあったのかを確認するために，**作業時間報告書**を作成します。

　作業時間報告書は直接工ごとに作成され，生産に従事した製品とその作業時間，間接作業時間および手待時間が記入されます。

　作業時間報告書は，記載に手間がかかります。直接工は製品を切り替えるたびに，作業報告書に作業時間を記入しなければなりません。このことは，生産方法によっては大変です。たとえば，受注生産を行っており，ロット別個別原価計算が適用されている現場（あるいは複数の製品を連続生産し，組別総合原価計算を行っている現場）を考えましょう。こうした現場で，いわゆるロット流し（A製品を1,000個生産し，次にB製品を1,000個生産するといった生産方法）であれば，A製品とB製品の作業時間を認識するのはそう難しくありません。しかし，後者の現場で一個流し（順序不同で様々な製品が流れてくるような生産方法）を行っている場合には，個々の製品に対する作業時間を認識するのは非効率になります。こうした現場では，直接労務費は製造間接費と合計して加工費となり，作業時間で各製品に配賦されることになりますが，その場合でも個々の製品に対して投入された作業時間の測定が必要となります。これを作業時間報告書から得ようとすると，大変な手間がかかることは想像できるだろうと思います。

ⅱ　岡本（2000, p.138）では，作業に直接関係のない扶養家族手当，住宅手当なども労務主費に分類するならば，これらも賃率計算に含めてよいと考えられるとしています。また，同書には示されていませんが，退職給付費用についても，賞与と同じことが検討されるべきでしょう。

ⅲ　アメリカで代表的な原価計算のテキストであるHorngrenらの著書（Horngren, Datar, and Rajan, 2012）には，賃率は所与として与えられていて，計算方法については記されていません。

2.2　労務費の計算の理論　　**35**

2.3 労務費の計算実務

2.3.1 賃率計算の必要性

労務費の計算については，理論と実務に大きな相違のあるところでもあります。それは，賃率の計算について『基準』が何も示してこなかったことにより，賃率計算の方法が企業によって異なることもありますが，そもそも『基準』が作られたときには想定されていなかった，賃率そのものの計算が必要でなくなっているような状況が生じていることが大きく影響しています。まず，この点について説明していきます。

理論では，工員は直接工と間接工に分かれていることになっています。これは，工員が製造部門（工程）と補助部門のどちらで働いているか，すなわち，製品の製造を直接実施する製造部門（工程）か，製造部門を支援したり工場事務を行う補助部門で働くことが明確に区分されていることが前提になっていました。

もちろん，現代であっても製造部門で作業をする工員と補助部門で作業をする工員がいることは事実ですし，製造部門が工場のメインであることも間違いありません。

しかしながら，石油化学工業のような装置産業では，直接工に該当する工員が存在せず，間接工のみという状況もあり得ます。**図表 2-5** は，直接工がどのくらい工場にいるのかを示したものです。

間接工しかいない工場では，そもそも賃率を計算する必要そのものが存在しません。この 21 社を業種ごとに集計してみると，紙・パルプ 1 社，化学6 社，石油 1 社，窯業 1 社，非鉄金属 2 社，機械 2 社，電気機器 6 社，精密機械 1 社，その他 1 社となっています。機械，電気機器および精密機械産業では，一般的には組立工程のような製造部門があるはずなので，こうした企業は例外のような気もします。ただ，このように間接工しかいない企業は全体の 10.5％しかないわけで，それ以外の企業では賃率を計算することは必要

36　第 2 章　労務費の計算

図表 2-5　直接工の割合

	全企業		素材系企業		組立型企業	
	社数	割合（%）	社数	割合（%）	社数	割合（%）
直接工と間接工の区別はなく，すべて間接工	21	10.5	11	11.8	9	9.7
～25%	10	5.0	3	3.2	6	6.5
25%超～50%	37	18.5	13	14.0	22	23.7
50%超～75%	78	39.0	34	36.6	37	39.8
75%超	46	23.0	27	29.0	18	19.4
無回答	8	4.0	5	5.4	1	1.1
回答企業数	200	100.0	93		93	

出典：清水（2014，p.44）に加筆

であるはずです。なぜなら，金額的に見ても，工場における労務費に対する直接労務費の割合が50%を超えているとしている企業が58.5%存在しているからです（清水，2014，p.44）。

　ただし，直接工と間接工の区別を明確にする必要性は薄くなっています。企業へのヒアリングから，採用時には直接工と間接工の区分をしてはいないこと，多くの場合，直接工と間接工の賃金に差はないこと（ただし，溶接や危険物取り扱いなど，資格が必要な場合は別です）などから，直接工と間接工の違いは，単に作業の相違であるということでしかないと考える企業も少なくはない状況です。

　業種別に分類した中で興味深いのは，直接工の割合が50～75%のレンジが，素材系企業と組立型企業でほぼ等しいのに対して，このレンジより直接工が減ると，組立型企業数は素材系企業数よりも多く，このレンジより直接工が増えると組立型企業数は素材系企業数よりも少なくなります。素材系企業は設備が大きく，直接工の数が少ないようなイメージがありますが，実際には直接工を多数抱える工程が少なくない産業があることがわかります。たとえば，食品は66.7%（6/9），化学は22.2%（8/36），窯業は25%（2/8），鉄は42.9%（3/7），非鉄金属は37.5%（6/16）と，高い割合になっています。

2.3　労務費の計算実務　　**37**

他方，組立型企業では，機械が19.4％（6/31），電気が17.1％（6/35），自動車・自動車部品が23.5％（4/17）となっており，2割を超えているのは自動車のみになっています。

2.3.2 賃率計算の範囲

それでは，直接工が存在することを前提として，直接工についてはすべて賃率を計算しているのでしょうか。

直接労務費は，製品ごとの作業時間を使用して，各製品に賦課することが原則となっています。すなわち，個別原価計算では，直接労務費は作業時間に賃率を乗じて計算し，製品に賦課することとなっています（『基準』32(2)）。しかし，総合原価計算ではそもそも直接労務費は製造間接費と合算して加工費という取り扱いをしていますし，個別原価計算の場合でも，労働が機械作業と密接に結合して総合的な作業となり，そのため製品に賦課すべき直接労務費と製造間接費とを分離することが困難な場合，その他必要ある場合には，加工費について部門別計算を行い，部門加工費を各指図書に配賦することができる（『基準』34）と記されています。

純粋に人的な作業のみで生産活動が行われていれば，間違いなく直接労務費は直接費であって，作業時間に賃率を乗じて計算することが妥当です。しかし，『基準』の記述にあるように，工具の作業が機械作業と密接に結合して総合的な作業となることは，現在の生産工程ではよくあることです。たとえば，機械が何らかの生産作業を行っている場合，直接工という分類がなされている工具であっても，機械の運転をするだけであり，しかも複数の機械の運転をしているような状況は珍しくありません。また，溶接工程でロボットを活用している場合，直接工はやはりロボットの作業について問題がないかどうかを確認していることになり，まさしく人と機械が総合的な作業を行っていることになります。

このような場合には，賃率を計算することの意味はなくなります。なぜなら，個々の製品ごとに作業時間を測定することができないからです。

38　第2章　労務費の計算

したがって，直接工と間接工の区分がなされていたとしても，直接工が作業しているすべての製造部門（工程）において賃率が計算されていなければいけないかといえば，答えは否ということになります。

　たとえば自動車産業のような組立型産業では，主たる工程はエンジン鋳造工程，エンジン組立工程，プレス工程，溶接工程，塗装工程，最終組立工程などがありますが，エンジン鋳造，プレス，溶接そして塗装工程は主として機械が作業しています[iv]。これらの機械作業を調整する人員が直接工とされている場合には，賃率計算の意味がないことは明らかです。

　賃率計算の現状はどのようになっているでしょうか。**図表2-6**から明らかなように，約半数（48.0%）の企業がすべての直接工について賃率計算をしています。さらに，ほとんどの直接工については賃率計算をしているが，一部賃率計算をしていない直接工もいる，とする企業を加えると約6割の企業が賃率計算をして，理論通りに直接工直接労務費を製品に直課しているということになります。無回答の中には，そもそも直接工と間接工の区別をしていない（したがって賃率の計算もしない）とする企業21社が含まれてい

図表2-6　直接工の実際賃率適用の範囲

	全企業		素材系企業		組立型企業	
	社数	割合（%）	社数	割合（%）	社数	割合（%）
すべての直接工について賃率計算をしている	96	48.0	37	39.8	54	58.1
ほとんどの直接工については賃率計算をしているが，一部賃率計算をしていないものもある	21	10.5	7	7.5	12	12.9
直接工の賃率計算を行っていない	54	27.0	33	35.5	17	18.3
無回答	29	14.5	16	17.2	10	10.8
回答企業数	200		93		93	

出典：清水（2014，p.46）に加筆

---

iv　こうした様子は工場見学に行けば見ることができますが，自動車メーカーのウェブサイトで主な工程の動画を見ることができます。

ます。

　このような状況が，『基準』が想定する原則的な直接労務費の原価計算です。個々の製品に対してどの程度の人的作業が投入されたかが測定される限り，賃率を計算して，これに作業時間を乗じて直接労務費を計算するのです。

　しかし，上述のように，賃率を計算する意味がない，すなわち，人的作業が特定の製品と結びついていないか結びついていたとしてもそれを測定するのが困難な場合まで賃率を計算する必要はないということなのです。

　なお，素材系企業よりも組立型企業の方が，直接工の賃率を計算している割合は大きくなっています。このことは，**図表2-5**の結果，すなわち，直接工の割合の多い企業が素材系企業の方に多いことと相反するような感じもします。しかし，そもそも工員数が組立型企業に多いこと，直接工・間接工の区分があいまいなことなどからこうした状況が生じていると考えられます。いずれにしても，直接工が生産を直接的に担当する場合が多い組立型企業（中でも組立工程）では，賃率計算をする必要性が高いことがわかります。ただし，一概に組立型企業といっても，自動車メーカーのように数多くの工程を有している場合，車体組立工程やエンジン組立工程では直接工の作業によって生産が行われていますが，プレス工程，溶接工程あるいは塗装工程では，ほぼ人的作業はなく，プレス機械やロボットが生産活動をしています。プレス工程では運転者の作業時間が発生しますが，溶接工程では直接工作業は存在しないこともあり，各工程の生産形態によって作業時間の測定方法も異なることが当然に予想されます。

2.3.3　作業時間の認識区分

　直接工の賃率計算をする場合，作業時間を測定しなければなりません。作業時間は，個々の製品に対して直接労務費を直課するため，そして，間接作業時間と手待時間に対して間接労務費を集計するために測定するのです。これらの作業時間は，作業時間報告書という書類に記入されます。

　どの程度の時間の範囲で作業時間を測定するかは，それぞれの工程の生産

状況によって異なります。製品の生産を 1 時間単位で行っているのであれば，1 時間刻みの作業報告書を作成すればよいですし，もっと短いサイクルで製品の切り替えを行っていれば短い刻みで作成することになります。

図表 2-7 に示されているように，作業時間を測定している企業では，10 分刻み（39.2％）および 15 分刻み（15.8％）としている企業で半分を超えています。現在の製品生産の切り替えが頻繁に行われていることを考えると，細かい幅で作業時間の認識をする必要があることがわかります。他方，1 日の総作業時間のみを記入するとした企業も 22.8％ありました。

いくつかの企業に確認してみたところ，こうした作業時間（実務では工数といいます）の測定は，原価管理のために行っている，つまり，生産量に応じた最適な作業時間の設定などのために行われていると考えていいと思います。それを原価「計算」に使用するかどうかは，企業によって異なります。この点は，2.3.6 で説明しようと思います。

産業別ではきわだった結果が生じています。組立型企業では 10 分刻みで作業時間報告書に記入している企業が過半数であるのに対して，素材系企業

図表 2-7　直接工の作業時間の認識範囲（複数回答あり）

	全企業		素材系企業		組立型企業	
	社数	割合（％）	社数	割合（％）	社数	割合（％）
10 分刻み	73	39.2	17	18.3	48	51.6
15 分刻み	27	15.8	14	15.1	12	12.9
20 分刻み	1	0.6	1	1.1	0	0.0
30 分刻み	16	9.4	9	9.7	7	7.5
1 時間刻み	11	6.4	6	6.5	4	4.3
2～4 時間刻み	2	1.2	2	2.2	0	0.0
1 日の総作業時間のみ	39	22.8	27	29.0	11	11.8
無回答	6	3.5	4	5.2	2	2.4
回答企業数	171		77		83	

（図表 2-6 で回答した企業に質問しています）
出典：清水（2014，p.47）に加筆

2.3　労務費の計算実務　　**41**

ではわずか18.3％でした。これに対して1日の総作業時間しか測定していないという回答は，素材系企業で29.0％であり，組立型企業では11.8％にすぎません。これも**図表2-6**の結果と一致しています。組立型企業では組立工が作業している時間を測定して，それをもとに製品に直接労務費を賦課します。他方，素材系企業では組立工というよりもプラントが作業して製品を生産しますので，直接労務費は製造間接費と合算して製品に配賦されることもあります。また，短時間で製品切り替えをすることが難しい産業（たとえば鉄や非鉄金属）では，短い刻みで時間測定をする必要性は小さいと思われます。こうした生産の相違が原価計算に大きく影響を与えていると思われます。

2.3.4　賃率の計算と測定している作業時間の種類 ─────

　実際賃率をどのように計算しているかについて述べておきます。既述のように，『基準』には賃率の種類は説明しているものの，賃率をどのように計算するかは示されていません。考え方としては，

> **賃率＝直接工に対する賃金 ÷ 直接工の稼働時間**

ということになるのですが，それぞれをどのように考えるのかは企業次第ということになります（**図表2-8**参照）。

　調査結果から明らかになっていることは，賃率計算を行っている117社のうち，理論で述べられている基本給と加給金の合計を就業時間で除して計算していると回答した企業は50社（42.7％）にとどまっているということで

図表2-8　賃率計算の理論と実務

	直接工に対する賃金	直接工の稼働時間
理　論	基本給＋加給金 （賞与引当額， 　作業を伴わない手当）	就業時間 （＝直接作業時間＋間接作業時間＋手待時間）
考えうる方法	基本給＋加給金 賞与引当額 作業を伴わない手当	就業時間 直接作業時間＋間接作業時間 直接作業時間＋間接作業時間＋手待時間

42　第2章　労務費の計算

す（清水，2014，p.51）。半数を超える企業は，この式ではなく，自ら工夫した算式によって賃率を計算していることになります。この点について追加の調査は行っていないのですが，たとえば，基本給と加給金だけではなく，賞与引当額やその他の手当を含める場合もあるでしょうし，時間については直接作業時間だけ，あるいは直接作業時間の中の加工時間だけを使用しているという企業もあると思われます。

　とりわけ，作業時間については，段取時間および加工時間（合わせて直接作業時間），間接作業時間ならびに手待時間すべてを測定していると回答した企業は55社しかなく，加工時間のみを測定している企業が23社，段取時間と加工時間を測定している企業が33社などとなっています（清水，2014，p.50および再集計）。

　このことは，作業時間の区分測定の困難性と有用性にかかっていると思われます。とくに間接作業時間や手待時間は，測定することが困難な場合もあると思われますし，手待時間はともかく（手待時間は付加価値を生まないので，絶対的に削減することが必要です）間接作業時間を測定して原価計算に対して何らかの有用性があるかという問題もあるからです。

　ここも，企業がどこまで作業時間の区分を重視するか，間接作業時間や手待時間も可視化して管理対象にするかどうかによって，大きく異なってくると考えられます。

2.3.5　賃率計算における賞与の処理

　2.3.4で説明したように，理論的には基本給と加給金の合計を就業時間で割って賃率を求めます。ただし，基本給と加給金の他に，賞与の月間引当額や作業を伴わない手当の金額を含めることもあることもすでに説明しました。これらを含めた場合と含めない場合ではどのような違いが生じるのでしょうか。

　賞与の月間引当額や作業を伴わない手当は，通常は間接労務費として分類され，製造間接費に含められて製品に配賦されることになります。製品への

配賦は，次章で検討するように，一般的には作業時間（直接作業時間や機械作業時間）で製品に配賦されます。

図表 2-9 において，直線は直課，破線は配賦を意味しています。両者の違いはそう大きくはなく，①のケースでは，基本給・加給金のみが間接作業・手待時間に対して割り当てられている（間接労務費）のに対して，②のケースでは，賞与・作業を伴わない手当も，間接作業・手待時間に対して割り当てられることになります。賞与が年間基本給の 3 か月分払われている場合であれば，②の基本給＋賞与は基本給の 1.25 倍になっていますし，その一部が間接作業・手待時間に対して割り当てられていくことになります。

簡単な例を作って考えてみます。ある企業では，基本給 100，加給金 20，賞与引当額は基本給の 25％である 25，その他の労務費が 8.7（単位：万円）

図表 2-9　賞与・作業を伴わない引当金の取り扱い

①賞与・作業を伴わない引当金を賃率計算に加算しない場合

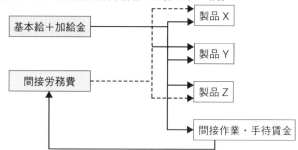

②賞与・作業を伴わない引当金を賃率計算に加算する場合

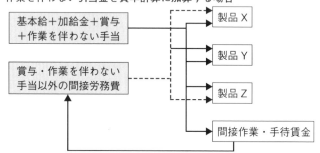

であったとします。この工場では個別原価計算を行っていて，当月生産した製品は3種類（X, Y, Z）で，それぞれに消費した直接作業時間は100, 100, 90時間でした。また，間接作業・手待時間は10時間と測定されています。

以上の条件から①と②で計算した結果が**図表2-10**に示されています。

両者の計算は一致していますが，これは偶然一致したのではなく，実はこの計算は，間接労務費の製品への配賦を直接作業時間で行う限り，必ず一致します（方程式を立てて証明することができます$^{\vee（次頁）}$）。このため，実質的には，賞与の引当額やその他の手当については，理論的には直接労務費にするか間接労務費にするかについては議論のあるところですが，製造間接費を直接作業時間で配賦すれば計算結果が同じになるので，実務的にはこうした議論はほとんど意味がありません。企業がこれらをどのように判断するか，

図表2-10　図表2-9についての計算例

①の方法による計算結果

	X （100時間）	Y （100時間）	Z （90時間）	間接作業・手待時間 （10時間）
基本給・加給金 （120万円）	40*	40	36	4
間接労務費（37.7万円）	13**	13	11.7	
合計	53	53	47.7	

* Xに対する基本給・加給金直課額
120万円÷（100時間＋100時間＋90時間＋10時間）×100時間＝40万円
** Xに対する間接労務費配賦額
間接労務費＝賞与引当額25＋その他労務費8.7＋間接作業・手待賃金4＝37.7万円
Xへの配賦額＝37.7万円÷（100時間＋100時間＋90時間）×100時間＝13万円

②の方法による計算結果

	X （100時間）	Y （100時間）	Z （90時間）	間接作業・手待時間 （10時間）
基本給・加給金・賞与 （145万円）	48.33333	48.33333	43.5	4.83333
間接労務費 （13.533…万円）	4.66667	4.66667	4.2	
合計	53	53	47.7	

2.3　労務費の計算実務　　**45**

という問題になります。

2.3.6 賃率による管理か工数による管理か

　賃率の計算は，製品原価計算や直接工賃金を直接労務費と間接労務費に分けるためには不可欠であると考えられてきましたし，実際，個別原価計算を行う場合（製品別原価計算）には，賃率は重要な役割を果たしていると考えられます。他方，人的作業と製品の生産との結びつけが緩慢になるような状

---

　v　ここでは，基本給＋加給金と作業を伴わない手当の各製品への割当はどちらの方法を使用してもまったく同じとなりますので，賞与分だけを考えればよいことになります。賞与引当額を P 円とし，製品 X, Y および Z に対して投じた直接作業時間がそれぞれ x, y, z 時間であり，間接作業・手待時間が w 時間であったとします。①のパターンでは，賞与引当額がいったん製品 X, Y, Z に直課されるとともに，間接作業・手待時間に対する賃金が計算されます。この間接作業・手待賃金を，もう一度製品 X, Y, Z に配賦するという流れで計算します。他方，②のパターンでは，P 円は間接労務費として製品 X, Y, Z に対して配賦されます。

　この前提で，最終的にパターン①で製品 X に対して集計される金額を集計してみます。

$$P \times \frac{x}{x+y+z+w} + P \times \frac{w}{x+y+z+w} \times \frac{x}{x+y+z}$$

$$= \frac{1}{x+y+z+w} \left(Px + \frac{wxP}{x+y+z} \right)$$

$$= \frac{1}{x+y+z+w} \times \frac{Px^2 + Pxy + Pxz + Pwx}{x+y+z}$$

$$= \frac{1}{x+y+z+w} \times \frac{Px(x+y+z+w)}{x+y+z}$$

$$= \frac{Px}{x+y+z}$$

　計算結果は以上のようになりますが，これは，パターン②で P 円を製品 X に配賦した場合の計算結果になっていることが証明できます。

況では，賃率を計算することに意味がなくなることも事実です。

　さらに言えば，賃率の時系列の変化も，原価管理上あまり大きな意味をなさなくなっています。というのも，賃金，とくに基本給の部分は固定費なので，操業度の高低によって賃率は変化してしまうからです。管理する側からすれば，操業度によって変わる賃率を見るよりも，製品の生産数量に対する標準作業時間（工数）と実際の工数との比較をしながら原価管理というか生産管理を行う方がやりやすいですし，実効性もあります。また，多くの企業では，賃率が高い・低いではなく，最終的にあるべき労務費額（標準労務費）と実際労務費を比較して原価管理を行っています。その際，賃率の工程を見ることはあるでしょうが，まずは管理可能な工数の確認を行っていくことを考えると，財務諸表作成目的はともかく，原価管理目的では賃率の計算は必ずしも必要であるとは言い切れないと思います。実際，賃率計算をしている企業では，52.2％が計算はしているが，とくに追跡はしていないと回答していて，原価管理資料として活用しているとした企業42.7％を上回っています（清水，2014，p.52）。このことも，賃率計算が，その管理可能性，測定に関する問題，そして管理することの実効性に強く依存していることを表しているのです。

> **まとめ**
>
> 　理論では，直接労務費の計算をする場合には賃率計算が不可欠ですが，実務では必ずしも賃率の計算がなされているわけではありません。その理由のひとつに，作業のあり方がより柔軟になってきていることがあげられます。すなわち，今日の工員は，いわゆる多機能工として，直接作業にも間接作業にもあたるようになってきているのです。したがって，作業時間の測定も，直接工が原則として直接作業のみを行い，その上で各製品の生産時間を明確に認識できる場合でなければ，理論を適用することは難しくなります。
>
> 　また，賃率を計算する場合も，その計算方法は理論で示されている方

法とはかなり異なるケースもありました。何を賃率と定義するのかは企業によって異なっていますので，学習する際には注意をしなければならないのです。

《参考文献》

Horngren, C. T., S. M. Datar, and M. Rajan (2012) *Cost Accounting: A Managerial Emphasis*, 14th edition, Upper Saddle River: NJ, Prentice Hall

岡本清（2000）『原価計算』六訂版，国元書房

清水孝（2014）『現場で使える原価計算』中央経済社

第3章

製造間接費の部門別計算（1）
―― 補助部門費の配賦方法

本章の論点

　本章では，製造間接費の部門別計算における補助部門費の計算原則を
確認し，以下の点における実務のあり方について説明します。

　①　補助部門費の配賦方法におけるグループ別配賦法

　②　活動基準原価計算と日本企業の原価計算実務の比較・検討

3.1　問題の所在と背景

3.1.1　製造直接費の賦課と製造間接費の配賦

　第3章では，製造間接費の部門別計算における補助部門費の配賦方法にま
つわる問題を論じます。

　部門別計算に入る前に，少し製造間接費の原価計算について述べておきま
しょう。第1章および第2章で述べてきた直接費は，一定単位の製品の生産
に関して直接的かつ合理的に認識できるものでした。直接材料費および直接
労務費（併せて**製造直接費**）は，決まった数量の製品に対する投入数量や投
入作業時間が明確かつ合理的に認識できます。このため，直接費を製品に割
り当てることを賦課あるいは**直課**と呼びます。ここまで述べてきませんでし
たが，外注加工賃や特定製品の金型の減価償却費などは**直接経費**として，製

49

品に直課されます。

他方，**製造間接費**（間接材料費・間接労務費・間接経費）は，直接費とは異なり，製品との結びつきが明確ではありません。たとえば燃料や消耗品（**間接材料費**），修繕工などの間接工賃金（**間接労務費**），工場建屋の減価償却費（**間接経費**）などは，特定の製品のために消費されたわけではなく，複数の製品にまたがり共通的に発生した原価です。繰り返しになりますが，ある製品の生産に原材料がどのくらい消費されたか，直接工の作業時間がどのくらい投入されたかを認識することはできますが，製造間接費は，多くの製品（上述の製造間接費は工場で生産している製品全体）に対して発生しており，明確な消費量を確定することが不可能な原価なのです。

こうした特徴を持つ製造間接費を製品に割り当てるための手続を**配賦**といい，理論上では直課あるいは賦課とは明確に区分しなければならないと考えられています。

3.1.2 製造間接費の配賦基準

製造間接費を製品に配賦する場合には，製造間接費の発生と密接に関係があると考えられる**配賦基準**を用いて製品に配賦することになります。配賦基準には様々なものがあり，**数量基準**（生産数量・容量など），**金額基準**（直接材料費・直接労務費・素価（直接材料費＋直接労務費））および**時間基準**（直接作業時間・機械稼働時間など）があり，理論的には時間基準を採用すべきことが示唆されていますが，実務では数量基準も金額基準もよく使用されています。とくに素価基準は，データ収集の容易性から，頻繁に使用されています。

いずれの配賦基準を用いても，配賦は仮説にすぎません。たとえば，「製造間接費は作業時間の経過に伴って発生するであろうから，作業時間を配賦基準として製品に配賦する」というのがもっとも理論的な製造間接費の配賦方法です。確かに作業時間の進捗に伴って発生する製造間接費もあるでしょうが，実際にはすべての製造間接費が作業時間の経過に伴って発生する

50　第3章　製造間接費の部門別計算（1）── 補助部門費の配賦方法

わけでないことは理解できるでしょう。製造間接費は，製品との直接的な関係を持っていませんから，どのような配賦基準を使用してもその根拠は証明できない仮説にすぎない場合が多いのです。しかし，これを製品に割り当てなければならない以上，できるだけ合理的なストーリーを作る必要があります。

この場合，すべての製造間接費を一括して，たったひとつの配賦基準を使用して製品に配賦するのは，大規模工場ではさすがに合理的なストーリーとはいえません。このような配賦方法は製造間接費の**総括配賦**と呼ばれ，規模の小さい工場などでは使用されるとされています。

大規模工場では，製造部門も補助部門も多数設置されており，それぞれの役割も，そこでの原価の発生態様も異なります。とくに，補助部門は，製品を生産するわけではなく，製造部門の生産をサポートするために設定されています。したがって，補助部門で製造部門をサポートするために発生した原価は製造部門へ，そして製品を生産している製造部門に集計された原価は，生産した製品へ配賦するという原価計算の形をとります。これを**部門別配賦**と呼んでいます。

調査結果から明らかになったことは，理論通りすべての工場で部門別計算を行っている企業は調査対象 200 社のうちの 73.5％（147 社）であり，多くの企業で部門別計算を行っていることがわかっています（清水，2014，p.66）。

本章では，次の論点を取り扱います。まず，補助部門費の配賦方法で，理論では直接配賦法，階梯式配賦法および相互配賦法が示されています。これらのどれが実務で選好されているかを確認します。また，理論になかった日本企業独自の方法（グループ別階梯式配賦法）があることも説明します。第二に，活動基準原価計算と日本企業の原価計算実務を比較し，その利点も述べていこうと思います。

3.1　問題の所在と背景　**51**

3.2 製造間接費の部門別計算の理論

3.2.1 製造間接費の部門別計算

ここからは，製造間接費の部門別計算をすることを前提に話を進めていきます。部門別原価計算では，製造間接費あるいは加工費（直接労務費および製造間接費の合計）について，製造部門と補助部門を使用した原価計算を行います。

製造部門とは，製品の生産を直接担当する部門で，鍛造，鋳造，切削，研磨，プレス，塗装，組立，溶接などを行う部門を指します。他方，**補助部門**は，製品の生産を行うのではなく，製造部門に対して支援サービスを提供する部門で，動力，修繕，用水，検査，資材などの補助経営部門と工場管理部門があります。今，製造部門としてAおよびB，補助部門としてPおよびQがあったとすると，その原価の流れは図表3-1のようになります。『基準』34では，加工費について部門別計算をすることも認めていますが，ここでは，製造間接費のみを部門別計算するものとして説明を続けます。

まず，製造間接費は，特定の部門で発生する**部門個別費**と複数の部門に対

図表 3-1　部門別個別原価計算の流れ

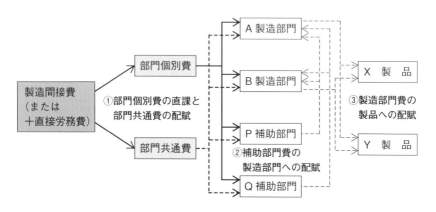

して共通に発生する**部門共通費**に分類され，部門個別費は発生した各部門に直課，部門共通費は占有床面積や人員数などを使用して[i] 各部門に配賦します。これが**図表3-1**の①の段階です。

　次に，補助部門に集計された部門個別費と部門共通費配賦額の合計を，サービスの提供割合などを配賦基準として他の部門に配賦します。これが**図表3-1**中の②の段階ですが，ここでは2つの問題が生じます。それは，補助部門の配賦方法と配賦基準の問題です。この2つは，理論上は明確な区別がつけられていますが，実務ではあまりはっきりと区別されていないようですので，実務家の方々は少し注意して読んでいただく必要があります。

　なお，③の段階では製造部門費に集計された製造間接費を製品に配賦します。

3.2.2　補助部門費の配賦方法と配賦基準

　補助部門費の配賦方法は，補助部門費をどの部門に対して配賦するかということを意味しています。補助部門費は，基本的には製造部門をサポートし，製造部門にサービスを提供するために存在していますので，製造部門だけに補助部門費を配賦するという方法が**直接配賦法**です。しかし，補助部門の中には，製造部門だけではなく，他の補助部門にもサービスを提供している部門があります。たとえば，動力部門は動力，工場管理部門は管理サービスを他の補助部門にも与えています。こうした補助部門間のサービスのやり取りをすべて原価配賦に反映させる方法が**相互配賦法**です。しかし，部門数が多くなれば，こうした相互配賦の配賦回数も増えてきますので，その手間を省くために考案されているのが**階梯式配賦法**です。階梯式配賦法は，補助部門間に順位づけを行い[ii] (次頁)，高順位の補助部門から低順位の補助部門へのサービスの流れのみを原価計算に反映させる方法で，補助部門費配賦表が階段状になることからこの名前がつけられています。

---

i　部門個別費を配賦基準として配賦する例も見られます。

3.2　製造間接費の部門別計算の理論　**53**

原価計算は，製品やサービスの生産の流れに沿って，投入された財やサービスに関する価値を生産される製品・サービスに移転させていく作業（これを**価値移転計算**といいます）ですから，理論的には，相互配賦法がもっとも正確な方法であると考えられます。コンピュータが普及する前は，手計算で原価計算を行っていたので，部門数が多くなれば相互配賦法を使用することはきわめて煩雑であったと思われますが，現在ではたとえ部門が100や200になろうとも，データさえ存在してインプットしてしまえば，エクセルで行っても計算そのものは一瞬でできます。とはいうものの，たとえば補助部門が100あって，そのすべてが相互にサービスをやり取りしているとすると，19,800通りのサービスのやり取りに関するデータを取らなければならず，これはかなりの手間になると思います。

　次に**配賦基準**の話に移りましょう。補助部門費の配賦基準は，一般的には補助部門費を配賦するときの基準となる数値のことをいうのですが，原価計算理論上では，補助部門費の配賦基準といえば，補助部門費を変動費と固定費に分けずに，ひとつの配賦基準を使用するか，補助部門費を変動費と固定費に分け，変動費はサービスの消費量（提供量）を配賦基準とし，固定費はサービスの消費能力を配賦基準とする，という考え方を指しています。理論では，前者を単一基準配賦法，後者を複数基準配賦法といっています。配賦基準については，第4章で詳しく検討することにします。

3.2.3　直接配賦法・階梯式配賦法・相互配賦法 ─────────

　補助部門費を配賦する方法としては上記の3つ（『基準』18(2)）があることはすでに説明しました。これらについて少し詳しく見ていきましょう。

ⅱ　順位づけの方法は2段階で決定されることが多いようです。第一段階では，サービスを提供する補助部門数が多い部門を高順位とします。第一段階で同値になる場合は，第二段階の決定方法を用います。この第二段階にはいくつかの方法があり，① 補助部門費（部門個別費＋部門共通費配賦額）が多いもの，② 2つの補助部門間でのサービスのやり取りを，その補助部門の生産したサービスの割合で表し，割合の多いもの，③ ②を金額表示して，金額の多いものを高順位とする方法があります。

54　第3章　製造間接費の部門別計算（1）── 補助部門費の配賦方法

補助部門が生産するのは基本的には製造部門への支援サービスです。ただし，そうはいっても動力部門が生産する電気や熱は，他の補助部門も使いますし，工場管理部門が提供する様々な管理サービスも，他の補助部門でも使用するでしょう。『基準』によれば，原価は製品やサービスの生産のために把握された財貨またはサービスの消費を貨幣価値的に表したもの（『基準』3，一部加筆修正）です。したがって，製造部門が，製品を生産するために補助部門のサービスを消費したのであれば，その消費に関する貨幣価値を認識すべきであって，その観点からすれば，相互配賦法を使用するのがもっとも理論的です。

　これに対して，直接配賦法は，補助部門間でのサービスのやり取りを無視するというもっとも簡単な方法です。直接配賦法が認められているのはなぜでしょうか。そもそも，補助部門は製造部門の支援を行うために設置されていますので，補助部門が生産するサービスのほとんどは製造部門に提供されているはずです。仮に他の補助部門にもそのサービスを提供していたとしても，それは，製造部門に提供している量から比べたら，無視してよいほど著しく少ない「はず」です。また，工場の規模が拡大して，補助部門の数が多くなればなるほど，それぞれのサービスのやり取りを原価計算に反映させるのは，結構な手間になることは明らかです。確かに，原価計算システムを組んで，自動的にこれらのサービスのやり取りを計測・記録できればよいのですが，そこまでできるシステムを見たことがありません。このため，合理的な原価計算としては，直接配賦法でよいという考え方になるのです。

　階梯式配賦法は，会計にはよくある折衷案で，そこそこの手間でそこそこの原価計算精度を得る，つまり直接配賦法よりは手間はかかるけれども精度は上がり，相互配賦法よりは精度は劣るけれども手間はかからない，というものになります。しかし，前述のように「データ収集の手間はかかるけれども計算の手間はかからない」というのが企業の現状です。階梯式配賦法を適用する場合，最低でも他の補助部門にサービスを提供しているかどうかは把握できなければなりませんし，サービスの提供量を認識しなければならない

3.2　製造間接費の部門別計算の理論　**55**

場合もあります。個々の補助部門間でのサービスのやり取りをすべて把握しなければならないのであれば，計算の手間を考えなくてよい環境ならば，相互配賦法を採用すればよいのであって，階梯式配賦法を採用する積極的な理由は，少なくとも今日にはないといってもよいのではないかと思います。

3.2.4　補助部門費の配賦に関する例外

ここまで，補助部門費の配賦に関する理論を述べてきました。しかし，補助部門費は必ず製造部門（および他の補助部門）に配賦しなければならないかといえば，そうではありません。『基準』ではいくつかの例外を定めています。

『基準』16(2)には，「工具製作，修繕，動力等の補助経営部門が相当の規模となった場合には，これを独立の経営単位とし，計算上製造部門として取り扱う」という規定があります。とりわけ，近年のように大規模発電設備を有するような工場の場合には，動力部門（発電部門）は大規模になることが多く，こうした場合には計算上，これらを製造部門として取り扱うことができます。製造部門として設定されれば，その原価は製品に対して配賦されていきます。

もうひとつは『基準』18(2)にあり，「一部の補助部門費は，必要ある場合には，これを製造部門に配賦しないで直接に製品に配賦することができる」と，補助部門費であっても製品に配賦することができることを明確に定めています。この規定は，補助部門が製造部門や他の補助部門に向けてではなく，製品に対して直接サービスを提供しているような場合に適用されます。たとえば，製品検査部門は，完成した製品や工程完了品の品質検査を行いますが，これらのサービスが製造部門に対して行われているのではないことは明らかです。

後に述べるように，伝統的な部門別原価計算に対する批判を受けて，活動基準原価計算が生まれたのですが，『基準』18(2)の規定は，その問題を回避するためきわめて重要な役割を果たしています。『基準』が報告されたのは

56　第3章　製造間接費の部門別計算（1）── 補助部門費の配賦方法

50 年以上前なので，活動基準原価計算を意識していなかったことは明確で
すが，報告後 20 年以上経って検討される製造間接費の原価計算の問題の解
決策を有していることには驚きすら感じます。

3.3　部門別計算の計算実務

3.3.1　補助部門費配賦の実態

　調査結果によれば，補助部門費の配賦方法は**図表 3-2** のようになってい
ます。

　実態は，もっとも簡単な方法である直接配賦法を使用する企業がもっとも
多く，部門別計算を行っている企業の 55.5％（90 社）が使用しているとい
う結果になりました。この結果は，他の調査結果ともおおむね一致していま
す[iii]。他方，もっとも正確であるが手間のかかる相互配賦法は 9.9％（16 社）
が採用しています。理論的には，正確性も原価計算の手間もほどほどの階梯
式配賦法は，相互配賦法よりも少ない 8.0％（13 社）しか採用していません
でした。

図表 3-2　補助部門費の配賦方法

	全企業		素材系企業		組立型企業	
	社数	割合（%）	社数	割合（%）	社数	割合（%）
直接配賦法	90	55.5	42	55.3	40	55.6
階梯式配賦法	13	8.0	7	9.2	5	6.9
グループ別階梯式配賦法	39	24.1	16	21.1	21	29.2
相互配賦法	16	9.9	11	14.5	5	6.9
無回答	4	2.5	3	3.8	1	1.4
回答企業数	162		79		72	

出典：清水（2014，p.72）に加筆

[iii]　たとえば新江（2014，p.116），吉田他（2009）でも同様な結果が報告されています。

その理由は，なぜなのでしょうか。ひとつには，純粋に階梯式配賦法を採用しようとすると，補助部門に順位づけをしなければならないことがあります。補助部門の順位づけは，前述のように2段階に分かれていて，第一段階は他の補助部門いくつにサービスを提供したかであり，これは簡単に測定できます。第二段階はいくつかの方法があり，もっとも簡単な方法は補助部門費（部門個別費＋部門共通費配賦額）の金額です。この金額で順位づけを行うと，月によって順位が変化する可能性があります。もちろん，第一段階でも変動する可能性は否定できません。毎月順位が変化すれば，それだけ原価計算の手間はかかります。順位づけが変化した場合のデータの整理は，手動で行う必要があり，補助部門が多数にわたる場合には，かなり面倒なことになると推測されます。さらに，補助部門費の金額の多寡以外の方法を使用すれば，そのデータが取れていれば相互配賦法を使用できますから，階梯式配賦法を使用する意味が失われることは理論編で書いた通りです。

さらに，補助部門が設定されている実態が，階梯式配賦法や相互配賦法という分類とマッチしないという問題もあります。

産業別に見ていくと，直接配賦法および階梯式配賦法の利用割合に大きな相違が見られないものの，相互配賦法に若干の違いがありました。この原因は，素材系企業では化学メーカー，鉄鋼メーカーや非鉄金属メーカーを中心に，大きなプラントを有しており，これに伴いこれらを管理したり保守したりするための補助部門が大きくなることがあります。補助部門が大きくなり，かつ補助部門相互のサービスのやり取りが頻繁にある場合には，理論的には相互配賦法を採用する必要性が大きくなりますが，実務でもこうしたサービスのやり取りを原価計算に反映させるために相互配賦法を利用する割合が多くなっていると推測されます。

3.3.2　補助部門の実態と補助部門費配賦

補助部門は，主として製造部門にサービスを提供する部門です。理論で説明した補助部門は，基本的にすべての製造部門にサービスを提供することを

前提としていますが，実際には必ずしもすべての製造部門にサービスを提供するわけではありません。これまでの調査で，補助部門という扱いにはいくつかのパターンがあることがわかっています。

①基本的にすべての製造部門（および他の補助部門）にサービスを提供する
②いくつかの限定された製造部門にのみサービスを提供する
③特定の製造部門にのみサービスを提供する

　①はもっとも一般的な補助部門です。階梯式配賦法や相互配賦法が問題となるのは，このパターンの補助部門が複数存在する場合です。他方，②のように補助部門が，いくつかの限定された複数の製造部門にのみサービスを提供する場合もあります。このタイプの補助部門は，その特質から考えれば直接配賦法しか採用しようがありません。仮に他の補助部門にもサービスを提供しているのであれば，①のタイプと同様に相互配賦法や階梯式配賦法の採用を考える必要があります。③のタイプの補助部門は直接配賦法以外は考えられません。

　たとえば，①は関係各部門に配賦し，②は複数の製造部門に配賦し，③は特定の製造部門に直課するようなことが実務では行われているわけで，これは何法と定義すればよいのでしょうか。企業に質問票調査をするときには，こうした問題が必ず生じます。直接企業にお話をうかがうときには，担当者の方から「当社の方法は何法と申し上げればよろしいのでしょうか」という逆質問をよく受けるのです。理論は，いくつかの方法を単純化して定義していますから，企業の実務がそれよりも複雑化してしまうことは当然にあり得ます。

　以前，研究会を行っている際に，いくつかの企業の方々とディスカッションをしていて，多くのことを発見しました。そのひとつが，補助部門費の配賦方法で，**図表 3-2** にある「**グループ別階梯式配賦法**」という方法です。

3.3　部門別計算の計算実務　　**59**

3.3.3 グループ別階梯式配賦法

この方法では，まず，補助部門を2つのグループに分類します。ひとつは，動力部門や工場管理部門のように，他の補助部門にもサービスを提供していると考えられる補助部門（第1グループ）です。もうひとつのグループ（第2グループ）は，主として（あるいはすべて）生産するサービスを製造部門に提供する補助部門です。第1グループの補助部門費は，第2グループの補助部門および製造部門に配賦され，その後，第2グループの補助部門費（部門個別費＋部門共通費配賦額＋第1グループ補助部門費配賦額）が製造部門に配賦されます。このとき，同一グループに属する補助部門間のサービスのやり取りは原価計算に反映させないことが多いようです。図表3-3はグループ別階梯式配賦法における原価の流れを示しており，RおよびS補助部門が第1グループに属して，その補助部門費がA・B製造部門およびP・Q

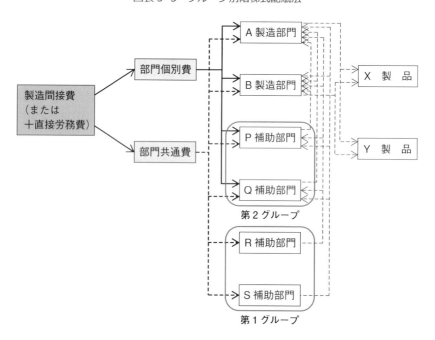

図表3-3　グループ別階梯式配賦法

補助部門に配賦され，PおよびQ補助部門に集計された原価が，A・B製造部門に配賦されることを示しています。

こうしたグループ別階梯式配賦法を採用している企業は全産業で24.1％（39社）ありました。

ここまでにも述べてきましたが，実務では，理論で示されている方法をそのまま採用するのではなく，それぞれの企業の実態に合わせた方法を採用していますし，それが望まれる形だと思われます。もちろん，企業の工夫は，理論と本質的に不整合を起こさない限り，認められなければなりません。ここで理論と整合すべきなのは，「製品・サービスを生産するためのプロセスにおいて消費された価値を，製品に対して正しく写像させる」ということですから，グループ別階梯式配賦法は，『基準』には示されていませんが，採用されて何の問題もないと考えられます。

3.3.4 製造部門に配賦しない補助部門費

しかし，「原価の正確な写像」を考えていくと，もうひとつ問題が生じます。理論編で述べた，『基準』18(2)の補助部門費配賦の特例です。補助部門費を他の補助部門や製造部門に配賦するのは，それらの部門がある補助部門の生産するサービスを消費するからです。とすると，ある補助部門の生産するサービスが，製造部門（や他の補助部門）に提供されず，特定の製品に対して提供されている場合には，そもそもその補助部門費は製品に対して配賦されなければなりません。

調査では，部門別計算を行っている162社のうち，補助部門費を製造部門ではなく製品に配賦する実務を行っているとした企業は25.3％（41社）ありました。企業数については，素材系企業（19社）および組立型企業（21社）に大きな相違は見られませんでした。このような実務を行うことで，より生産の流れに即した原価計算を行うことができるようになるのです。

この考え方によって，補助部門は3.3.2で説明した3つに加えて，『基準』18(2)の適用の補助部門が加わります。

3.3 部門別計算の計算実務　**61**

図表 3-4　補助部門の分類

グループ	特徴 (1)	特徴 (2)	補助部門費の処理
第 1 グループ	製造部門および他の補助部門にもサービスを提供している補助部門		製造部門およびサービスを提供している第 2 グループおよび第 3 グループの部門に配賦
第 2 グループ	主として製造部門にサービスを提供している補助部門	複数の製造部門にサービスを提供	サービスを提供している製造部門に配賦
		ひとつの製造部門にサービスを提供	サービスを提供している製造部門に直課
第 3 グループ	主として製品にサービスを提供している補助部門		サービスを提供している製品に配賦

①基本的にすべての製造部門（および他の補助部門）にサービスを提供する
②いくつかの限定された製造部門にのみサービスを提供する
③特定の製造部門にのみサービスを提供する
④部門ではなく製品に対してサービスを提供する

　この分類と，3.3.3 で説明したグループを加味して考えると，補助部門は図表 3-4 のようにグループ分けをすることができます。
　少し複雑になりますが，図表 3-5 に，これらすべての補助部門を入れ込んでみました。
　S 補助部門は第 1 グループに属する補助部門で，その補助部門費はすべての部門に対して配賦されています。第 2 グループに属しているのは P および Q 補助部門です。P 補助部門は A 製造部門のみにサービスを提供しているので，P 補助部門費は A 製造部門に直課されています（図中では直課は実線で表されています）。Q 補助部門は A および B 製造部門にサービスを提供しているので，Q 補助部門費は A と B 製造部門に配賦されます。最後に，R 補助部門は，第 3 グループに分類される補助部門で，製品に対して直接サービスを提供しますので，R 補助部門費は X および Y 製品に対して配賦されるこ

62　第 3 章　製造間接費の部門別計算（1）── 補助部門費の配賦方法

図表 3-5　製造間接費の配賦実務

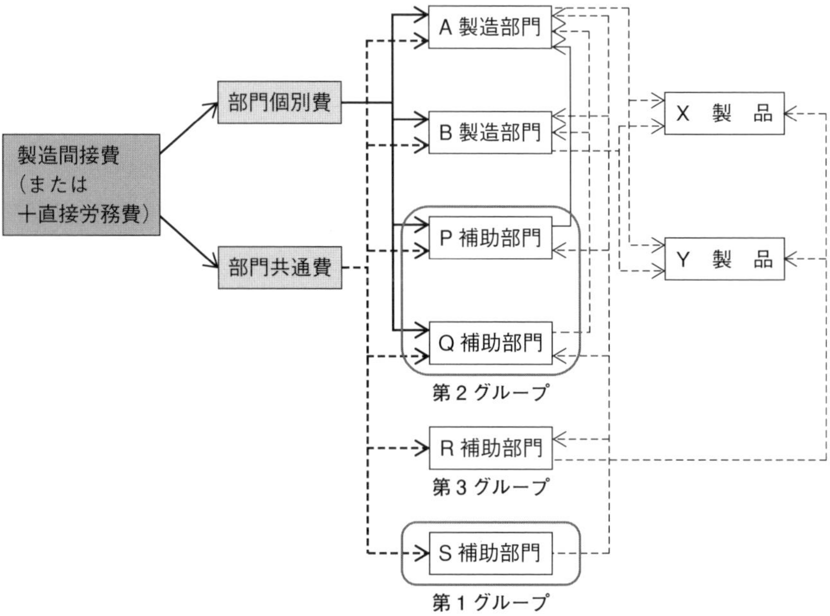

とになります。

　こうした流れは，一見複雑に見えますが，実際の生産に関する作業（サービス）の流れを原価計算にのせただけのことです。このような方法は，直接配賦法・階梯式配賦法・相互配賦法といった分類では認識できないことになります。確かに，ベースになるのは，これら三方法であることは間違いありませんし，こうした原則なしに応用をすることは不可能です。したがって，まずは理論で示されている原則を理解し，それに対して現実の生産状況をうまく説明できる原価計算方法を開発していけばよいのです。

3.3.5　活動基準原価計算との対比

　さて，理論編でも少し述べましたが，伝統的部門別原価計算に対する批判に基づいて，**活動基準原価計算**（Activity-Based Costing：ABC）が提唱され

るようになりました。ABC では，製造間接費を部門ではなく，活動に配賦
し，活動に集計された原価（**活動原価**）を，製品が消費した活動の数量を配
賦基準（**コスト・ドライバー**）として製品に対して配賦する方法です。この
方法では，活動に集計されたコストはダイレクトに製品に配賦されますので，
図表 3-5 でいえば A 製造部門，B 製造部門，R 補助部門のような流れとな
り，P, Q, S 補助部門のような部門間の原価のやり取りを考えない方法です。

　ABC で使用される活動には 4 種類あり，**ユニットレベルの活動**（加工作
業のように製品 1 単位に対して投入され，直接認識できる活動），**バッチレ
ベルの活動**（段取作業のように，1 バッチあるいは 1 ロット単位で投入され，
直接認識できる活動），**製品支援レベルの活動**（ユニットレベル・バッチレ
ベルの活動のように，製品の生産のために消費される活動ではないが，特定
製品のために消費される活動）そして**工場支援レベルの活動**（工場全体の管
理活動）に分類されます。

　これらの活動の特徴は，工場支援レベルの活動以外，すべてが製品と直接
的な結びつきを認識できると考えられている点です。伝統的部門別原価計算
における図表 3-5 の S 補助部門のように，製造部門にサービスを提供する
と考えるのではなく，製造部門を通じて製品に対してどのくらいサービスを
提供しているか，と考えるわけです。他方，工場支援原価は，製品の生産と
の因果関係を測定することができないので，期間原価として処理してもよい
と考えられています（Horngren, et al., 2012, p.149）。もちろん，わが国では
全部原価計算が求められていますから，この手法を採用することはできませ
ん。したがって，工場管理部門費は，各部門の人数などを利用して（あるい
は素価を利用して）配賦されています。

　ABC の論者は，製造部門で発生した段取活動に要した製造間接費を直接
作業時間などの操業度で製品に配賦することや，製品支援活動に要した原価
を製造部門に配賦することで原価をゆがめてしまうという点を主張していま
す。

　しかし，この主張はわが国企業においては当てはまらないということを，

64　　第 3 章　製造間接費の部門別計算（1）—— 補助部門費の配賦方法

以前より主張してきています[iv]。段取に関する作業時間を測定している企業が多いことは第2章で述べました。したがって，段取に関する製造間接費を段取時間を含めた直接作業時間で配賦することに大きな問題はないでしょう。また，わが国の企業は，段取活動を短縮することに努めていて，代表的なプレス用金型の交換時間も，一昔前から比較すれば飛躍的に速くなっていることに明らかなように，原価配賦のロジックを作るよりも，原価そのものを削減する方法を長くとってきたのです。

また，明らかに製造部門ではなく，製品に対してサービスが提供されている場合，図表3-5におけるR補助部門のように，直接製品に補助部門費が配賦される実務を採用しています。さらに言えば，ABCを採用する場合，動力部門が生産する電力を各製品がどれほど消費するかは，部門別計算を行わないと確認できません。つまり，A製造部門とB製造部門がX製品とY製品にどれだけ電力を使用したかを直接的に把握するだけではなく，PやQ補助部門がサービスを提供するときにどれだけ電力を消費しているかなどを測定しておく必要があるわけです。これは，標準原価計算を行っているときには，当然に計算されていることですから，取り立ててABCの特徴であるということもないような気がします。

ABCには理論的根拠があって，それを否定するつもりはまったくありません。しかし，わが国企業の原価計算は，ABCほど手間をかけなくても，十分な効果を有していると考えています。

まとめ

　製造間接費の部門別計算を行う際，補助部門費を製造部門に配賦し，その後製造部門費を製品に配賦することになっています。ただし，『基準』上も条件を満たせば補助部門費でも製造部門を経由せずに集計することは可能です。実務では，直接配賦法の利用が多いことがわかってい

---

iv　たとえば，清水（2014, pp.75-78），Shimizu（2017, pp.31-32）などで示しています。

ますが，他方で，グループ別階梯式配賦法と名付けた方法が採用される
とともに，補助部門から直接製品に配賦される方法も多く採用されてお
り，この点においては部分的に活動基準原価計算と同様な原価計算が行
われていることがわかります。活動基準原価計算のように，原価部門を
活動に詳細に分割することがなく，それぞれの活動に対するコスト・ド
ライバー（配賦基準）を設定することがないという問題点がある一方で，
資源の消費の原因が製品にあるとしても，補助部門の活動がいったん製
造部門に対して提供されているとすれば，伝統的な部門別計算の方が実
態を反映した計算となる（活動基準原価計算を行ったとしてもこのよう
にして製品の資源消費を測定するはずです）という利点も有しています。

《参考文献》

Horngren, C. T., S. M. Datar, and M. Rajan (2012) *Cost Accounting: A Managerial Emphasis*, 14th edition, Upper Saddle River: NJ, Prentice Hall

Shimizu, T. (2017) *Management Control Systems in Japan*, Oxon: UK, Routledge

新江孝（2014）「日本企業の管理会計・原価計算実務に関する調査結果の分析－先行調査研究との比較－」『商学研究』第 30 号，日本大学商学部商学研究所，105–124

清水孝（2014）『現場で使える原価計算』中央経済社

吉田栄介・福島一矩・妹尾剛好（2009）「日本企業における管理会計（3）製造業の実態調査」『企業会計』61(11)，1730–1736

第4章

製造間接費の部門別計算（2）
── 補助部門費の配賦基準

本章の論点

　本章では，製造間接費の部門別計算における補助部門費の配賦基準（単一基準および複数基準）について確認し，以下の点について説明します。

① 理論では正しいとされている複数基準配賦法は実務で利用されているか

② 複数基準配賦法で使用される用役の消費能力を実務ではどのように測定しているか

4.1 問題の所在と背景

4.1.1 補助部門費の配賦基準

　第3章で説明したように，製造間接費の部門別計算においては，補助部門費の配賦方法の問題と配賦基準の問題がありました。一般的に，配賦基準といえば，何をもって間接費や共通費を配賦対象に配賦するかという物差しを示しています。なお，この問題は，**図表3-1**における②の段階における問題であるということをしっかりと認識してください。

　製造間接費は，一定数量の製品を生産するために直接的に認識できない原

67

価，つまり，製品を生産するために必要な数量や作業時間を直接認識できない原価を指しています。工場建屋の減価償却費は，ある特定の製品の特定数量を生産するために，いくら発生したかはわかりません。機械設備の減価償却費も，その機械で複数の製品を生産していれば，それぞれの製品にいくらかかったかはわかりません。これは，減価償却費が固定費であるという性質を有していることにも関係しています。

固定費である以上，機械設備の減価償却費は，その機械で生産された数量にかかわらず（多くても少なくても），そして，製品ミックス（生産された製品の割合）にかかわらず一定額発生します。変動費のように，投入数量が変化し，それによって比例的に原価が増加していくという形をとらないため，製品の一定単位の生産に対してどのくらいかかっているかはわからないのです。

もちろん，変動費であってもこうした問題は生じます。たとえば燃料などは，動力を生産するために消費されており，製品の生産には間接的に貢献しています。具体的にどの製品の一定単位を生産するのにどのくらいの動力が消費しているのかを正確に認識するのは難しいと思います。また，手間をかけてやればこれが可能になるものもあります。たとえば，接着剤を考えてみましょう。家具製造業で木の部品を接着するときに，接着剤を使うとします。一つの製品を生産するときに，一回でどのくらいの接着剤を使用したかを測定することは不可能ではありません。しかし，一回一回作業を止めて，どのくらいの接着剤を使用したかを測定することは，きわめて非効率です。作業能率をできるだけ上げる，言い換えれば生産性を向上させることを，工場は常に考えていますが，このような測定を行うと，原価計算という，製品の生産や製品の価値向上のためには役に立たないことで作業能率を悪化させてしまうことになります。これは本末転倒なので，接着剤の原価は製造間接費として配賦することになるのです。

ただし，注意しなければならないのは，この接着剤がとても高価なもので，1グラム数千円もするようなものであれば，原価管理のために使用一回ずつ

測定することもあるかもしれません。つまり，接着剤の使用料を標準通りにすることで節約することの原価節約額が，作業能率を悪化させることによる原価増加額を上回るような場合には，直接費として認識してもよいことになります。本章の論点は，補助部門費の配賦基準としての単一基準配賦法と複数基準配賦法です。製造間接費は第3章で述べたように，部門別計算を行います。その際，補助部門に集計された製造間接費は単一の基準を用いて他部門に配賦される（単一基準配賦法）か，変動費と固定費に分けて，それぞれに適切な配賦基準を適用して他部門に配賦されます（複数基準配賦法）。

4.1.2 変動費の配賦基準と固定費の配賦基準 ————————

　ところで，変動製造間接費の配賦基準は何を考えればよいでしょうか。配賦基準は，間接費の発生と深くかかわっていて，かつ測定が容易であるものであるべきであると考えられています。変動製造間接費は，多くの場合，操業度，すなわち作業時間や機械時間が配賦基準として考えられます。燃料費も接着剤（いずれも間接材料費）も，作業時間が長くなれば，おそらく比例的に増加するであろうと考えても，それほど大きな問題はなさそうです。

　それでは，固定製造間接費，たとえば工場建屋の減価償却費はどうでしょうか。第3章では，補助部門費を変動製造間接費も固定製造間接費も合計して，ひとつの配賦基準で製造部門（あるいは他の補助部門あるいは製品）に対して配賦してきました。その配賦基準は，「サービスの提供量」を使用しています。つまり，サービスの提供量が増えれば増えるほど，原価も増加していく，という暗黙の仮定に基づいて配賦を行ったのです。

　しかし，この仮定が問題を抱えていることは容易に想像できます。固定費はサービスの提供量を増やしても減らしても一定額生じてしまうからです。

　このような問題は，単一基準配賦法で製造間接費を配賦するために生じる問題で，これを解決するために，複数基準配賦法の活用が理論では提唱されるのです。

　本章の論点は，補助部門費の配賦基準としての単一基準配賦法と複数基準

配賦法をめぐる問題です。複数基準配賦法は,『基準』には示されていませんが,理論的な方法として認められています。複数基準配賦法の利用状況とこれを利用する場合に必要となる消費能力という概念について述べていきます。

4.2　製造間接費の配賦基準の理論

4.2.1　単一基準配賦法と複数基準配賦法

　繰り返しになりますが,この問題は,補助部門費を他の部門に配賦するときに生じる問題です。補助部門費の配賦方法には,**図表 4-1** にあるように,**単一基準配賦法**と**複数基準配賦法**があります。

　変動費と固定費は,その原価の発生態様が異なります。変動費は,基本的には操業度の変化に応じて比例的に発生すると考えられ,固定費は操業度の変化には関係なく一定額が発生すると考えられています。

　もちろん,実際にはすべての操業度にわたり一定に増加する変動費や,すべての操業度にわたり一定額しか発生しない固定費ばかりではありません。売上高に対する変動費の割合(変動費率)は操業度によって変化しますし,一定の操業度を超えると固定的に発生する固定費(準固定費と呼ばれます)もたくさんあります。

図表 4-1　単一基準配賦法と複数基準配賦法

配賦基準	説　明	使用される配賦基準
単一基準配賦法	補助部門における変動費と固定費の区別をせずに,ひとつの配賦基準で他の部門に配賦する方法	一般的に,サービスの提供量が使用されることが多い
複数基準配賦法	補助部門における変動費と固定費を区別して,それぞれに対して適切な配賦基準を使用して他の部門に配賦する方法	変動費についてはサービスの提供量,固定費についてはサービスの消費能力

70　　第 4 章　製造間接費の部門別計算(2)── 補助部門費の配賦基準

通常は，予算を編成する際に使用される基準操業度（予定操業度）におい
て変動費であるか固定費であるかを決定することになります（第5章参照）。
つまり予算編成の前提となった操業度において，固定費および準固定費がい
くらであるか，またその時の変動費はいくらであるかによって両者を分解し
ます。

なお，理論では，変動費と固定費の分解には**最小二乗法**を使用すべきであ
るとする考え方もありますが，実際には統計的に意味のある結果を算定でき
るかどうかは微妙なところであり，実務ではほとんど使用されていないと思
われます。

4.2.2 サービスの消費能力

変動製造間接費の配賦基準としては，サービスの提供量（受け取り側から
見ればサービスの消費量）を使用して，大きな問題はないと思います。他方，
固定製造間接費は何を配賦基準とすればよいのでしょうか。

単一基準配賦法では，変動費も固定費も，サービスの提供量を使用して配
賦することが多いようです。この方法には，変動費に対する固定費の割合を
用いて配賦するものも含めます。単一基準配賦法は，固定費も変動費と同様
に，サービスの提供量に応じて徐々に発生する「だろう」と考えて配賦を行
います。

これに対して，複数基準配賦法では，補助部門の固定費はその発生の形に
マッチするような配賦基準を使用します。それはいわゆる**サービスの消費能
力**と呼ばれるものです。

固定費は，言ってみれば製品やサービスを生産するための能力（キャパシ
ティ）を持つために発生する原価です。モノを生産するのであれば，そのモ
ノを最大操業度[i]（次頁）で生産する能力を持つために機械設備を準備し，人
を配置します。サービスを生産する場合もまったく同じです。今，問題と
なっているのは補助部門で，補助部門がサービスを生産するための能力をど
のように保持するかは，製造部門のキャパシティに依存します。

ここで，修繕部門を例にとって考えてみましょう。年度が始まる前に，各製造部門が年次計画を立て，予算編成をする段階で，予想される操業度（作業時間あるいは機械稼働時間）を決定します。この予想される操業度の下で，定時のメンテナンス作業や想定しうる突発的な修繕などの時間を見積もって，修繕部門は人員の配置を行い，これが年度の固定費となるのです。

　こうした年間の計画などに基づくサービスの提供予定量を消費能力といいます。より厳密に考えると，たとえば動力部門が，工場内のすべての動力を供給しなければならないとすると，製造部門および他の補助部門が考えられうる最大操業度で活動したときに，動力を供給できるだけのキャパシティを持っていなければならないことになり，これがまさしく，動力の消費能力ということになります。

　ただし，実際には，動力部門で生産する電力で不足すれば外部から購入すればいいだけのことですし，東日本大震災の後は，非常に大きな発電装置を有して，自家消費する他に電力を販売するケースも出てきていて，このような場合にはこうした消費能力の定義ではあいまいになってしまいます。

　さて，修繕部門の例の場合，実際に提供した修繕やメンテナンスの時間は，計画時に想定した時間と一致することは少ないでしょう。多くの場合，それよりも下回ることになると思われます。なぜなら，計画を超える修繕作業が頻発すると，その作業は十分に行われない可能性があるからです。また，各製造部門は，考えられうる修繕やメンテナンス時間よりも，若干多めの計画値を設定することもあるでしょう。

　このような状況で，実際の修繕・メンテナンスのサービス提供量と固定費の発生額は，直接的な結びつきを持っていないことになります。なぜなら，固定費は計画の時に提出されている計画修繕量に基づいて決定されているか

ⅰ　いろいろな考え方がありますが，需要を満たすために完全操業が見込まれる場合，つまり24時間365日操業したとすると，1ライン8,760時間ですが，ここからラインの点検や予想される停止時間を控除して計算する場合がこれにあたります。理論では，これを**実際的生産能力**と呼びます。

らです。したがって，固定費は，サービスの提供量ではなく，サービスの消費能力を配賦基準として配賦することが合理的であるのです。これが複数基準配賦法の理論です。

なお，岡本（2000，p.217）では，動力部門を例にとり，「動力部の規模が，動力を消費する関係部門のフル操業時に必要な動力消費量を供給できるように設定されているのであれば，動力部で発生する固定費は，関係消費部門間の動力消費能力の割合によって配賦すべきである。しかしもし動力部の規模が，関係消費部門における長期平均動力消費量に合わせて設定されているのであれば，動力部で発生する固定費は，関係消費部門間の長期平均操業度の割合によって配賦すべきである」と記されています。

4.3　補助部門の配賦基準に関する計算実務

4.3.1　複数基準配賦法採用の実態

理論上，補助部門費の配賦基準は，複数基準配賦法を使用することが望ましいことは理解していただけたと思います。それでは，実務ではどれほどの企業がこれを採用しているのでしょうか。

部門別計算を採用している企業（162 社）のうち，29.0％の企業（47 社）が複数基準配賦法を使用していました（清水，2014，p.72）。素材系企業では 28 社，組立型企業は 14 社となっています。複数基準配賦法を使用している会社は少数派であると考えることもできますし，理論的な方法を採用している企業が 3 割近くもあると考えることもできます。素材系企業の方が採用企業が多いのは，設備の大きさに一因があると思われます。ある化学メーカーからのヒアリングによれば，設備の所有による固定費の割合が大きいため，変動費の配賦基準で固定費を配賦することの弊害が大きいことを指摘されています。もちろん，組立型企業においても，設備の所有によって生じる固定費は決して少額ではありません。むしろ生産設備の電子化や精緻化，あ

4.3　補助部門の配賦基準に関する計算実務　　73

図表 4-2　複数基準配賦法不採用の理由

	全企業		素材系企業		組立型企業	
	社数	割合（%）	社数	割合（%）	社数	割合（%）
固定費の割合の多い補助部門がなく，単一基準配賦法で正確な原価計算ができている	20	17.7	9	17.6	8	14.3
サービスの消費能力を測定するのがきわめて困難である	89	78.8	39	76.5	47	83.9
無回答	4	3.5	3	5.9	1	1.8
回答企業数	113		51		56	

出典：清水（2014, p.73）に加筆

るいは人的労働からロボットなどへの転換によって，設備から生じる固定費は増加しているものと考えられます。しかし，これらの企業における組立工程では，人的作業が主要な作業となっていて，そこから発生する固定費（直接労務費）は，固定費といえども作業場の変更などの修正を加えることで調整が可能になるものもあります。こうしたことから，修正の効かない固定費を多く抱える素材系企業では，固定費について変動費とは異なる配賦基準を利用するのであると考えられます。

　なぜ7割の企業は複数基準配賦を使用しないのでしょうか。その理由について図表4-2に示しました。

　まず，固定費の割合が小さければ，複数基準配賦法を採用する理由はなくなります。サービスの提供量で配賦することの弊害は，固定費が少なければ生じないからです。ただ，固定費がどの程度の割合になれば問題が生じるのかについては，明確な基準がありません。仮に固定費が多くても，サービスの提供量（消費量）と消費能力が一致していれば，配賦額に大きな違いは生じないからです。

　しかし，78.8％の企業が選択しているように，複数基準配賦法が不採用となるもっとも大きな理由は，サービスの消費能力を測定する困難さにあると考えられます。

74　第4章　製造間接費の部門別計算（2）—— 補助部門費の配賦基準

4.3.2 複数基準配賦法と単一基準配賦法の相違 ━━━━━━━

実際に数値を使って考えてみましょう。ある工場では，2つの製造部門（工程）とひとつの補助部門があるとします。その部門費の金額と製造部門が消費するサービスの消費量および消費能力について，図表4-3に示しました。

パターン①と②は製造部門におけるサービスの消費量は同じですが，

図表4-3　仮設例とその結果

1. 仮設例データ

	製造部門Ⅰ	製造部門Ⅱ	補助部門
部門費			
変動費	2,000,000円	1,500,000円	500,000円
固定費	2,000,000円	1,800,000円	800,000円
パターン①			
サービス消費量	2,000kwh	1,500kwh	―
サービス消費能力	3,000kwh	2,250kwh	―
パターン②			
サービス消費量	2,000kwh	1,500kwh	―
サービス消費能力	3,000kwh	3,000kwh	―

2. 結果

パターン①		
	製造部門Ⅰ	製造部門Ⅱ
単一基準配賦法		
固定費＋変動費	742,857円	557,143円
複数基準配賦法		
変動費	285,714円	214,286円
固定費	457,143円	342,857円
合計	742,857円	557,143円
パターン②		
	製造部門Ⅰ	製造部門Ⅱ
単一基準配賦法		
固定費＋変動費	742,857円	557,143円
複数基準配賦法		
変動費	285,714円	214,286円
固定費	400,000円	400,000円
合計	685,714円	614,286円

4.3　補助部門の配賦基準に関する計算実務　**75**

サービス消費能力が大きく異なる場合を表しています。パターン①では，サービス消費量とサービス消費能力は，製造部門ⅠとⅡではいずれも4：3になっており，配賦計算の結果は完全に一致します。他方，パターン②の場合は，サービス消費量の製造部門ⅠとⅡの比が4：3であるのに対して，サービス消費能力の比は1：1になっています。実際のところ，製造部門Ⅱにおいて，消費能力が3,000kwhあるにもかかわらず，半分しか消費しなかったという点については疑問を感じざるを得ません。なぜ製造部門Ⅱの操業度がこれほど落ちてしまったのかについて調査する必要がありますが，ここでは，配賦の問題のみに焦点を当てていきます。

　仮説例にあるように，消費量の比と消費能力の比が近い状態であれば，どちらの方法を使用しても数値はあまり違わないことが理解できます。したがって，複数基準配賦法を使用するかどうかは，消費能力がどの程度あるかに依存することになります。

4.3.3　消費能力

　サービスの消費能力については，きわめて大きな問題があります。理論では，固定費の配賦基準は，最大操業度の下で各製造部門（および他の補助部門）に提供するサービスの最大量か，サービス消費量の長期平均量であることになっています。

　しかし，前述のように，動力部門が工場全体の電力を賄うように設定されていればともかく，そうでない場合にはどうなるのでしょうか。反対に，余剰能力を有している場合，電力を売却した場合にはどうなるのでしょうか。この場合には，売却額は原価計算外で処理することもできますが，より理論的には部門費から控除するとともに，該当する生産能力を配賦基準から控除しなければならなくなります。このようなことは現実的ではなく，計算はほぼ不可能だと思われます。

　また，修繕部門のような場合には，経営環境が安定していれば，修繕サービス消費量の長期平均を活用することも十分に可能だと思います。実際，

76　第4章　製造間接費の部門別計算（2）——補助部門費の配賦基準

各種の保全サービスや事務サービスなどは，中期的な経営計画に基づいて人員や設備の準備を進めていきますので，この考え方は妥当です。ただし，短期的な環境が安定していないことも事実で，大きな変化があったときに，長期平均値を使用することにも問題が出る場合もあります。

そうすると，消費能力として何を使用すればよいのでしょうか。これまでにヒアリング調査などで明らかになったことは，基本的には予算編成時に確定された消費量をそのまま用いて配賦する，ということです。

工場の各部門は，年度の利益計画に基づいて，それぞれ操業計画を立てます。その中で，製造部門は補助部門に要求するサービス量も計画します。この数量は，部門にとって若干の余裕を持たせるように，予定操業度に対してギリギリに設定するのではなく，少し上乗せして決定します。補助部門は，これらの数値をベースに年間計画を立てていき，これが固定費を決定します。もちろん，機械設備のように短期的には変更できないものもありますが，固定費は計画数量を消費能力として，これに基づいて配賦すると考えるのです。

4.3.4 製造間接費の配賦に関する問題

説明してきたように，製造間接費の配賦は，原価計算上もっとも大きな問題です。もともと，製造間接費は，一定単位の製品の生産に対して，原価の発生を直接的に認識できない原価ですから，その配賦はあくまでも仮説に基づいたものであって，直接材料費や直接労務費のように，明確かつ正確に製品に割り当てることはできません。原価部門を設定し，サービスの流れを追い，それをできるだけ正しく写像するように原価を割り付けてはいきますが，それにしても変動費はともかく，固定費の配賦は仮説にすぎません。理論がいうように，細かい原価計算を徹底的に追求しなければならないかといえば，それは違うと思います。

多くの企業が標準原価計算あるいは予定原価計算を使用している今日，年に一回（あるいは2〜3年に一回）は，原価標準の値が正しいかどうかを確認するために，徹底的に詳細な原価計算をしてみることも必要だと思います。

4.3 補助部門の配賦基準に関する計算実務　**77**

しかし，毎月の原価計算にまでそれを要求する必要はないと考えています。

まとめ

　製造間接費の配賦は，原価計算上もっとも大きな問題です。もともと，製造間接費は，一定単位の製品の生産に対して，原価の発生を直接的に認識できない原価ですから，その配賦はあくまでも仮説に基づいたものであって，直接材料費や直接労務費のように，明確かつ正確に製品に割り当てることはできません。とくに，変動費はともかく固定費の配賦はきわめて難しいものとなります。固定費が時間の経過にしたがって徐々に発生する，あるいはサービスの提供量や製品の生産量に比例して増加すると考えることには，そもそも限界があるからです。

　したがって，理論的に考えれば，補助部門の固定費は他の部門に提供した用役の量ではなく，他の部門に用役を提供するために準備されている消費能力に基づいて配賦すべきである，ということになります。しかし，調査結果にあったように，消費能力が何であるのかを測定することもまた，きわめて難しいのです。

　なお，直接労務費も固定費だから，製造間接費の配賦と同じような問題が生じるのかという質問をよく受けますが，それは少し性質が異なります。確かに，今日の直接労務費の多くの部分は固定費で，これを作業時間で除して賃率を求めて，製品に対して賦課をします。この点は，製造間接費の配賦と似ているように思われるかもしれません。ただ，直接作業時間の投入量は，個々の製品あるいは製品群に対して直接的かつ明確に測定できる場合が多く，この点で，どの製品にどれだけの投入が行われたかがわからない製造間接費とは決定的に異なるのです。

《参考文献》

岡本清（2000）『原価計算』六訂版，国元書房

清水孝（2014）『現場で使える原価計算』中央経済社

78　第4章　製造間接費の部門別計算（2）—— 補助部門費の配賦基準

第5章

製造間接費の予算

本章の論点

　製造間接費の予定配賦を行う場合には，製造間接費予算を編成することが不可欠です。本章では，3つの製造間接費予算（固定予算，公式法変動予算および実査法変動予算）の理論について確認し，以下の点について説明します。

① 理論では変動予算が推奨されているが，実務では固定予算が使われている理由

② 配賦差異の処理方法における理論と実務の異同

5.1 問題の所在と背景

5.1.1 製造間接費の予定配賦率の活用

　第4章では，製造間接費の部門別計算について説明してきました。部門別計算を行う場合，多くの企業では**実際配賦率**ではなく，**予定配賦率**を使用しています。『基準』33は，個別原価計算を行う場合，間接費は原則として部門別間接費として製品に配賦すること，また，間接費は原則として予定配賦率をもって製品に配賦することを求めています。つまり，個別原価計算を行う場合，という前提はありますが，原則として製造間接費の計算は部門別に

79

行い，かつ予定配賦率を使用すると『基準』には定められています。そこで，本章では，予定配賦率の計算の基礎となる製造間接費予算について，実務と理論の乖離に関する検討を行っていきたいと思います。

　というのも，『基準』33(3)には，「部門間接費の予定配賦率は，一定期間における各部門の間接費予定額又は各部門の固定間接費予定額および変動間接費予定額を，それぞれ同期間における当該部門の予定配賦基準をもって除して算定する」と定めているからです。

　なぜ間接費の配賦は予定配賦率を使用すべきなのでしょうか。大きく分けると2つの理由があります。ひとつは，補助部門費を配賦する場合，実際配賦率を使用すると，補助部門で発生した原価管理活動の良否，あるいはサービスを提供する活動の能率の良否が混入してしまうからです（岡本，2000，pp.222-223）。つまり，補助部門費が予算よりも多額の間接費を使用したり，予定されていた能率よりも低い能率で原価が多額に消費された場合には，余計な原価が製造部門に配賦されてしまうことになります。もちろん，逆の場合には必要な原価が製造部門に配賦されないことになります。予定配賦率を使用しておけば，サービスの単位当たり金額は一定になりますので，こうした問題は回避され，補助部門費の原価管理活動の良否や能率の良否に関する原価差異は，補助部門で認識されることになります。

　ふたつめは，原価計算の遅延を回避するという問題です。実際配賦率は，各部門における製造間接費の実際発生額と実際操業度が確定しないと計算できません。このため，とくに個別原価計算を行っている受注生産のように，月初から製品が完成して顧客に受け渡しが行われているような場合にも，月末を待たなければ原価が確定しないということになります。これを回避するためには，予定配賦率を使用することが望ましいと考えられています。また，単純に原価計算の手続を簡略化するという効果もあります。

5.1.2　製造間接費の予定配賦率使用の問題 ─────────

それでは，すべての企業が製造間接費配賦について予定配賦率を使用して

いるかといえば，そうとは限りません。もともと，『基準』は個別原価計算の場合に限定しており，総合原価計算については該当するような記述はありません。実務においても，製造間接費の予定配賦を行っている企業は 200 社中 123 社（61.5%）にとどまっており，行っていないと回答した企業は 64 社（32.0%）ありました（清水，2014，p.85）。このことは，いくつかの問題を内包しています。

　第一に，製造間接費の予定配賦を行うと，後に各部門の実際原価を計算して，原価差額の処理を行わなければなりません。原価差額の処理は，早ければ月末（あるいは四半期末，半期末，年度末）に行われますが，これが多額に生じると，結局は正確な収益性は月末（あるいは四半期末，半期末，年度末）にならないと判明しないということになります。それであれば，月末に実際配賦を行うので十分なのではないか，という疑問が生じるのです。

　また，製造間接費の予算そのものについても難しい点はあります。たとえば，理論では製造間接費予算は，公式法変動予算あるいは実査法変動予算を使用すべきであるとされていますが，実務では，固定予算が使用されています。このことは，企業が変動予算を使用するノウハウを持たないことを意味していません。第 3 章で日本で活動基準原価計算があまり利用されていないことに関する考察を若干行いましたが，理論的に推奨されている方法が活用されていないのには，必ず理由があります。その理由には，理論の前提が単純すぎるあるいは複雑すぎるといったことにある場合もありますし，企業が，理論が指摘する問題点を十分に理解して，それを克服するような改善をすでに行っていることもあります。固定予算の活用については，まさに，この事例であると思われます。そこで，以下では製造間接費の予算にまつわる論点として，製造間接費予算の編成方法に関する理論と実務について論じていきます。

5.2 製造間接費の予定配賦の理論

5.2.1 製造間接費の予定配賦率の計算

　製造間接費の予定配賦率を計算するには，大きくは工場全体の製造間接費についてひとつの製造間接費予算を立て，これを工場全体の操業度で除して計算する**総括予定配賦率**と，第３章で述べた，工場をいくつかの部門に分け，補助部門費の予定配賦率を計算した上で製造部門に集計し，製造部門の予定配賦率を計算する**部門別予定配賦率**のふたつがあります。『基準』が定める予定配賦については，後者を利用することは明らかです。

　部門別計算を用いて予定配賦率を計算するときの流れを，図表3-1を改定した図表5-1で説明しましょう。

①予算編成時に行うこと

　まず，各部門における個別費の予算と部門共通費の予算を編成します。部門共通予算は，適切な配賦基準を使用して各部門に配賦します（個別費予算の直課と共通費予算の配賦を合わせて図中の①）。次に，補助部門は，個別

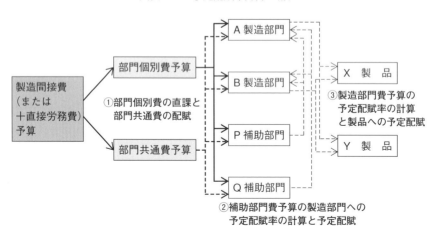

図表5-1　予定配賦率計算の流れ

費予算と共通費予算配賦額を，予算期間の予定サービス提供量などの基準操業度を用いて除し，補助部門費の予定配賦率を計算します。さらに，予定配賦率に他部門へのサービス提供予定量を乗じて，補助部門費を予定配賦します（図中の②）。なお，このとき，変動費と固定費に分けて別々の配賦基準を使用して配賦を行えば**複数基準配賦法**，両者を一括して同一の配賦基準を使用して配賦を行えば**単一基準配賦法**となることは第4章で述べた通りです。最後に，製造部門は個別費予算額，共通費予算配賦額および各補助部門からの配賦額を合算し，これを製造部門の基準操業度で除して製造部門費の予定配賦率（操業度1時間当たりの製造間接費）を計算します。

②毎月中に行うこと

　予定配賦率は，予算を用いて，あらかじめ製造部門の1時間当たりの製造間接費を決めておくものですので，製品の実際の生産に投入した作業時間が決定すれば，予定配賦率に作業時間を乗じて予定配賦額を計算することができます（図中の③）。

③月末に行うこと

　その月の生産が終了し，各部門の実際発生額と予定配賦額の差額を計算し，発生原因の分析をします。配賦差額は，配賦差異勘定などに記帳して繰り延べます

④年度末（四半期決算末）に行うこと

　配賦差異勘定で繰り越された配賦差異は，年度末（あるいは各四半期末）に，会計処理をしなければなりません。つまり，製品や仕掛品などの資産項目と売上原価を構成しているのは，予定配賦率と実際操業度を乗じた金額になっていますが，これを，予定配賦率を使用した金額ではなく，実際に発生した製造間接費で計算した場合に変換するという作業を行うことになります。

5.2.2　基準操業度の決定 ─────────────

　予定配賦率は，予算額を基準操業度で除して計算しますから，**基準操業度**は予定配賦率を計算する際に重要な項目です。というよりも，基準操業度と

図表 5-2　基準操業度の種類

名　称	内　容
実際的生産能力	フル操業をする場合の操業度（最大は 365 日×24 時間×機械台数・人員数等）から，不可避的に生じる生産停止時間を控除したもの
期待実際操業度（予定操業度）	次年度の環境予測および経営の判断に基づいて設定された操業度
正常操業度	長期的平均に将来の趨勢を加味した操業度

予算は表裏一体のものであるといった方がいいかもしれません。なぜなら，通常の予算は，次年度の見通しおよび経営の意思によって決定される目標利益を達成できるように組まれているからです。

　理論では，操業度についてはいくつかの種類のものが示されています。これらについては，論者によって名称が異なりますが，ここでは，図表 5-2 において一般的と思われる名称を使用して説明しています。名称はともかく，その内容で判断していただければと思います。

　実際的生産能力は，基本的に工場がフル稼働している状況で選択すべき操業度です。**期待実際操業度**は，多くの企業が採用している方法で，予算編成の前提となる操業度です。**正常操業度**は，長期的に操業水準が安定している時に使用される傾向があります。

　現在のように，経営環境が大きく変化する状況の下では，期待実際操業度が適切であるケースが多いでしょう。

　いずれの操業度を基準操業度として使用するかは，企業の判断によりますが，製造間接費の予定配賦率が基準操業度とその時の製造間接費予算から計算されることを考えれば，どれが次年度の予測をもっとも適切に反映するのかという観点からの選択になると考えられます。

　これを十分に判断せずに，これまでにそうしてきたからというだけで，環境が大きく変化することが明らかになっているにもかかわらず，次年度にフル操業を前提とする実際的生産能力を基準操業度とした場合，操業が低迷すれば多額の操業度差異が生じてしまい，これは製品原価に反映されずに原価

84　　第 5 章　製造間接費の予算

差異勘定で決算時まで繰り越されてしまいます。対して，操業低迷時に期待実際操業度を使用すれば，固定費の金額が変化しない場合には，固定費の予定配賦率が増加し，これによって製品原価は増額されてしまいます。

5.2.3　固変分解

　製造間接費予算に関する理論では，固定費と変動費への分解もしばしば問題になります。変動費と固定費は，その発生態様が異なりますので，管理方法も異なるからです。とくに経営環境が悪化している状況では，変動費は必然的に金額が小さくなってきます（操業度が減少するため）が，固定費はほっておくと一定額発生してしまいます。実務では，予算で承認されている固定費といえども，将来の見通しが悪くなれば削減対象になっていきますので，どの費目にどれだけの固定費があるのかを確認しておかなければなりません。

　固変分解には，**勘定科目精査法**，**高低点法**，**散布図表法**および**最小二乗法**があり，もっとも正確なのは最小二乗法であると原価計算のテキストには書かれています。確かに，統計的手法である最小二乗法は，正確な固変分解ができますが，そのためには各月の原価が確実にその月に帰属することを確認する必要がありますし，計算結果が統計的に有意であるかどうかも確かめる必要があります。このため，実務では勘定科目精査法がよく用いられるようです。

5.2.4　製造間接費の予算編成方法

　製造間接費の予算の編成の仕方には3種類あります。固定予算，公式法変動予算，そして実査法変動予算です。

　固定予算は，まさに基準操業度における予算を編成して，それを固定してしまうという予算です。固定予算は，製造間接費を変動費と固定費に分ける必要はありませんが，もちろん分解しておいてもかまいません。理論では，固定予算は，本当にたった一つの予算額しかないとしており，実際操業度が

5.2　製造間接費の予定配賦の理論　**85**

基準操業度を上回ったり下回ったりした場合には，予算金額が適切でなくなるという問題点が指摘されています。したがって，よほど安定した経営環境，すなわち，基準操業度付近の操業度が確実に実現できる場合以外は使用を控えるべきであるとしています。

公式法変動予算は，基準操業度における製造間接費を変動費と固定費に分解します。変動費は操業度に比例して増加する費用なので，その変動割合（変動費率）を v，操業度を X，固定費額を F とすると，製造間接費 C は

$$C = vX + F$$

という一次式で表すことができます。この式の意味するところは，操業度が下がってきているときには，変動費（vX）は当然に減少しますから，製造間接費予算総額も当然に減少するということです。このため，実際操業度において許容される予算を算定することができるという利点があります。

固定予算と公式法変動予算は，基準操業度における予算額を前提として予算編成を始めます。つまり，基本となる予算額は一本だけ，ということになります（もちろん，公式法変動予算では，操業度の変化に対して予算許容額も変化しますが，その基本となる変動費予算額および固定費予算額は，基準操業度に対して決定されているということです）。これに対して，**実査法変動予算**は，いくつかの操業度に対して予算額を編成します。これは，原価の発生態様をできるだけ正確に写像しようとするものです。

公式法変動予算では，すべての操業度において，製造間接費は，一次式で示されているように，直線で変化するというように仮定されています。しかし，この前提は明らかに誤りです。なぜなら，変動費率は一定ではありませんし，**準固定費**も存在するからです。変動費率は，たとえば操業度が上昇していくにつれて間接材料費や間接労務費が増加していきますが，操業度の上昇に伴って増加率が変化する場合があります。また，準固定費が一段階増加すると，製造間接費は階段状に増加していくこともわかっています。

このため，製造間接費は**図表5-3**にあるように，連続的なS字型をする

86　第5章　製造間接費の予算

図表 5-3 製造間接費の原価態様

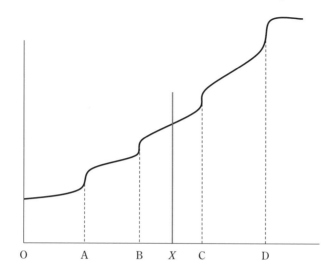

と考えられていて，一次式で説明できるのは，基準操業度付近のみであると考えられます（なぜなら，もともと基準操業度のときの製造間接費予算だからです）。

図表 5-3 を確認しましょう。A，B，C，D の各点で，準固定費が増加しているため，費用が階段状に増加しています。また，OA 間，AB 間，BC 間，CD 間の傾きも一様ではありません。ここで，X が基準操業度であったとすると，BC 間の状態は近似的に一次式で説明できるため，これを**正常操業圏**などと呼ぶことがあります。企業の方々と話をすると，このように直線が仮定できるのは，今日では非常に狭い範囲であることをよく聞きます。

したがって，より正確に原価の変化を写像しようと思えば，あり得るいくつかの操業度をとって，その予算額を計算し，それを結んだ方がよいことになります。ただ，基準操業度における予算編成も基本的にはかなりの手間を要しますので，実査法変動予算は作成に相当の工数をかけなければならないことは理解いただけるでしょう。

5.2.5 配賦差異の分析と会計処理 ─────────

(1) 配賦差異の分析

　予定配賦率を使用した場合，個別原価計算を行っている場合には製造指図書が完成した時（すなわち製品が完成した時）に実際の作業時間（操業度）に予定配賦率を乗じて製造間接費予定配賦額が計算され，総合原価計算の場合には，月末に総作業時間が確定した段階で予定配賦額が計算されます（月末時に未完成の場合には，その段階までで生じている作業時間に予定配賦率を乗じて仕掛品への配賦額を計算します）。しかし，実際の製造間接費は予定配賦額の合計と一致しないことが普通ですので，その差額の分析と処理をしなければなりません。

　月次では，配賦差異は予定配賦額（予定配賦率×実際操業度）から実際発生額を差し引いて**製造間接費配賦差異**を計算し，これを**予算差異**と**操業度差異**に分解することになっています。操業度差異は，固定費の配賦不足額あるいは配賦超過額を表しています。たとえば，基準操業度が 1,000 時間，固定費予算額が 1,000,000 円であり，実際の操業度が 950 時間であるようなケースを考えてみます。固定費 1,000,000 円は，操業度が変化しても変わらず発生します。しかし，950 時間しか製品の生産に稼働していない場合，製品に対して配賦される固定費は 950,000 円（1,000,000 円 ÷ 1,000 時間×950 時間）となり，50,000 円は発生しているにもかかわらず，製品には配賦されないことになります。これが操業度差異で，最終的には正常なものである限り費用化されていきます。固定費が多くなり，実際操業度が基準操業度から離れれば離れるほど操業度差異は大きくなります。

　他方，予算差異は，予算額を超過あるいは下回ったときの差額であり，これは変動費にも固定費にも発生します。予算差異は，管理可能である場合が多く，操業度差異は基本的には管理不能です。こうした観点からすると，予算差異をいかに小さくするか（あるいは有利差異を大きくするか）が管理の焦点となります。

(2) 配賦差異の会計処理

　四半期末あるいは年度末には，これらの製造間接費配賦差異を適切に会計処理しなければなりません。これは何を意味しているのでしょうか。

　このことは，最終的には原価は，実際原価，それも歴史的原価で示されるということを表しています。計算された原価は，販売された製品分については損益計算書の売上原価に，完成品在庫は貸借対照表の製品勘定に，未完成品在庫は貸借対照表の仕掛品勘定に計上されていますが，これらは，原則として歴史的原価であることが必要なのです。

　歴史的原価は，材料費であれば実際価格×実際消費数量，労務費であれば実際賃率×実際作業時間，製造間接費は実際発生額（計算上は実際配賦率×実際操業度）のことをいいます。つまり，価格ファクターと数量ファクターのいずれもが「実際」の値をとるということです。第2章では直接材料費について予定価格，第3章では直接労務費について予定賃率の使用を述べましたが，価格ファクターに関して予定を使用しても，数量ファクターが実際である限りそれらは実際原価となります。しかし，価格ファクターで予定を使用すると，必ず歴史的原価との差異が生じます。このため，予定価格・賃率・配賦率を使用して計算された売上原価・製品・仕掛品勘定の金額に，原価差異の金額を加減して，歴史的原価に引き直す必要があるのです。

　『基準』では，実際原価計算制度における原価差異については（材料受入価格差異を除き）原則として売上原価に直課し（47(1)1），予定価格等が不適当であったために生じた比較的多額の原価差異については，売上原価および棚卸資産に配賦することを求めています（47(1)3）。つまり，予定価格・賃率・配賦率を使用して計算した金額と実際の発生額の差額を，期末において売上原価・製品・仕掛品勘定に戻して，歴史的原価（の近似値）にするということなのです。

5.2　製造間接費の予定配賦の理論　**89**

5.3　製造間接費の予定配賦の実務

5.3.1　基準操業度の選択

　まず，基準操業度として何が選択されているかを説明します。図表 5-4 は，基準操業度の選択度合いについて示しています。

　これまでにヒアリングした結果から言えば，ほとんどの企業が中期経営計画あるいは短期利益計画から次年度の生産に関する見通しを得て，販売予算や在庫予算などを加味した上で基準操業度を決めていると考えられます。それが，単に次年度の予測にすぎなければ「期待実際操業度」，フル操業が常態であり，次年度も同様な状況であると予想すれば「実際的生産能力」，そして，次年度予測に際して中期的な状況を反映させれば「正常操業度」ということになります。ただ，実際的生産能力に関しては，理論的には，フル操業が常態になっていることを求めますが，実務的にはこのような定義には何の意味もありません。

　この点は，理論における操業度差異の解釈にも表れていて，実際的生産能

図表 5-4　予定配賦する際の基準操業度

	全企業		素材系企業		組立型企業	
	社数	割合（%）	社数	割合（%）	社数	割合（%）
次期における利益計画に使用された予測操業度（期待実際操業度）	77	62.6	29	64.4	44	60.3
過去数年間の平均に，今後の趨勢を加味した操業度（正常操業度）	23	18.7	9	20.0	13	17.8
最大操業度から不可避的な操業停止時間を差し引いた操業度（実際的生産能力）	5	4.1	1	2.2	4	5.5
その他	15	12.2	4	8.9	11	15.1
無回答	3	2.4	2	4.4	1	1.4
回答企業数	123		45		73	

出典：清水（2014, p.87）に加筆

力を基準操業度にとった場合，仮に実際操業度が基準操業度を下回ると，常態ではない状況に陥ったと解釈して，その操業低下は異常なものとなり，操業度差異も異常な原価差異として処理すべきであると考えられています（岡本，2000，pp.184-185）。

　しかし，理論としてはともかく，実際にこのような状況で操業度差異を異常な差異として認識し，全額を当期の損失として処理をすることが実務で認められるかどうかは微妙です。操業度差異の金額そのものが小さければ，全額を費用化することは問題ないでしょう。というのも，すでに説明したように，『基準』47(1)1 では，原価差異は原則として売上原価に直課することを求めていますので，操業度差異を異常なものとして売上原価ではなく営業外費用等で計上しても，当期の損益には（営業利益や経常利益の区分には影響しますが）変化は出ないことになります。しかし，金額が大きくなれば，それを全額当期の費用あるいは損失にすることは問題が出ます。とくに，税務上，全額損金算入できる金額は，後に説明するように標準原価あるいは予定配賦率を使用して計算される原価の1%以内であることから，操業度差異が多額になれば，基準操業度の種類にかかわらず，これを売上原価と棚卸資産に配賦することが求められるからです。リーマンショック時のように，需要が著しく低下し（前年度の50%減とか60%減という話も聞いています），多額の操業度差異が生じる場合には（そしておそらく在庫も積み上がっているはずです），理論では異常な損失であったとしても，それをそのまま損金算入することは難しいと考えられます（もっとも，そんなことをしなくてもリーマンショック当時は多くの企業で営業損失が出ていましたが…）。

　なお，産業別には，大きな差はなく，予定配賦そのものの考え方についてはほぼ同一であると考えられます。

5.3.2　製造間接費予算の編成方法の実態

　図表 5-5 に，企業が使用している製造間接費予算について示しました。その結果は，理論的であるといわれている変動予算の使用頻度はおよそ2割

図表 5-5　製造間接費予算の種類

	全企業		素材型企業		組立型企業	
	社数	割合（%）	社数	割合（%）	社数	割合（%）
基準操業度における予算金額一本だけが編成されている（固定予算）	138	69.0	56	60.2	73	78.5
基準操業度における固定費予算と変動費予算を算定する。次いで変動予算は基準操業度で除して変動費率を算定する。実際操業度における予算額は，実際操業度×変動費率＋固定費で計算し，予算額は操業度の変動によって変化する（公式法変動予算）	41	20.5	25	26.9	15	16.1
基準操業度を中心にいくつかの操業度を選択し，それぞれの操業度に対応する予算を複数編成する（実査法変動予算）	4	2.0	4	4.3	0	0.0
その他	17	8.5	8	8.6	5	5.4
回答企業数	200		93		93	

出典：清水（2014，p.89）に加筆

強しかなく，7割近くの企業が固定予算を使用していることを明らかにしています。それはなぜなのでしょうか。

　固定予算では，基準操業度のときの製造間接費予算が，すべての操業度で予算として通用することになっていて，このため，実際操業度が基準操業度を下回った（上回った）場合には，予算差異が適切に示されなくなります。また，固定予算は固変分解を前提とせず，一括して計上していますので，固定費から発生するはずの操業度差異に変動費を交えて算定してしまいます。このため，理論的には，実際操業度が基準操業度の近くにあることがほぼ確実な場合（実際的生産能力を基準操業度として採用する場合がこれに当てはまります）以外は使用すべきではないと考えてきました。

　こうした理論からの指摘があるにもかかわらず，企業が固定予算を使用し続けていることにはいくつかの理由があると考えられます。

92　第5章　製造間接費の予算

第一に，固定予算として編成されていたとしても，製造間接費予算は年度を通じて「固定」されてはいないということです。日本企業に対する予算実務の調査によれば，多くの企業は年度内に予算の見直しをしています（清水，2016）。年度末の利益予測が悪化していれば，下半期の製造間接費予算は当初予算よりも削減されます。公式に予算の見直しをしなくても，企業は着地点と称した改訂後の予算を非公式に持つことが多く，この結果，固定予算であっても，業績予測に基づいて予算自体が変化するのです。

それならばこれは固定予算ではなく，変動予算ではないかと思われる方もいるでしょう。確かにその通りで，とりあえず予算編成の時には基準操業度の下での予算を一本立てて，それに向けて企業活動を管理してはいくものの，業績見通しに基づいて予算は随時変更されていくので，ある意味ではこれも変動予算なのかもしれません。

ただし，公式法変動予算のように，操業度がどのくらい下がればどのくらい変動費が減るか，という形で公式的にそれがわかっているわけではありません。製造間接費の減少額は，その時々の状況に依拠します。理論で示しているのは，こうした細かい変化までをとらえていません。いくつかの手法を類型化するにあたっては，細かな条件を捨象して単純化せざるを得ないからです。したがって，理論で分類された方法にそのまま当てはまる実務はそう多くはないのかもしれません。

第二に，公式法変動予算の問題も影響しているかもしれません。公式法変動予算の理論では，すべての操業度の範囲において製造間接費予算が一定，つまり，変動費率と固定費が一定であることを前提としていますが，それは誤りであることはすでに指摘しました。公式法変動予算であっても，基準操業度における製造間接費の予算を固定費と変動費に分解しています。そうすると，準固定費の存在や変動費率の変化については見ていないことになるので，基準操業度付近で準固定費も変化しない，変動費率も変化しない場合にのみ，一次式で示した製造間接費予算は正しいということになり，実際の操業度が基準操業度を大きく下回ったり上回ったりした場合には，公式法変動

5.3　製造間接費の予定配賦の実務　　**93**

予算では十分に役立たないという問題が出てくるのです。

　実務では，もし，操業度が大きく低下するような場合，どのような予算を使用していても，変動費のみならず固定費も削減しようと努力します。そうすると，結局は固定予算であっても予算額自体の見直しがなされるため大きな問題はない，という結論になるのでしょう。

　なお，実査法変動予算は，複数の操業度における予算編成を行うので，きわめて手間のかかる予算編成方法です。製造間接費予算は，「製造間接費」としてまとめて編成されるわけではなく，各部門においてそれぞれの細目ごとに組まれたものを総合してできますから，有用であっても非常に時間がかかるものであり，それを敬遠する企業が多いのだと思われます。

　産業別の状況は，組立型企業で固定予算を使用する割合が高く，反対に素材系企業で公式法変動予算を使用する割合が若干高くなっています。公式法変動予算を使用するためには，前述の通り準固定費の存在が多くないことや変動費率の変化が小さいことが前提となります。素材系産業では，設備に関する固定費の増減は小さいはずですし，人件費の割合も組立型企業よりも小さいはずです。こうしたことが製造間接費の予算に対して影響を与えている可能性はあります。

5.3.3　固変分解と間接費予算

　固変分解については，前述のとおり理論では最小二乗法を用いることが正確であるという指摘が多くなされています。しかし，これを用いている企業はさほど多くはないと推定されます。実務では，いわゆる勘定科目精査法，つまり，それぞれの品目あるいは項目ごとの，基準操業度における変動費と固定費への分類を担当者が行う方法が多くとられていると思われます。

　こうした固変分解は，とくに公式法変動予算で必要であると考えられています。そうでなければ公式を設定することができないからです。他方，固定予算は固変分解を前提にはしていませんが，前述のように，操業度が下落する局面では変動費と固定費をそれぞれどのくらい削減するか，という意思決

94　　第 5 章　製造間接費の予算

定をしますので，固変分解をしておいた方が有用であると考えられます。

　調査では，固定予算を使用している138社のうち，固変分解をしている企業が66社，行っていない企業が68社でした（清水，2014，p.91）。つまり，固定予算を使用している企業のうち，半数近くの企業は，公式法変動予算を使用できる環境にあるということです。にもかかわらず，固定予算を使用し続けるということは，実務的には公式法変動予算の信頼性が低いからではないかと推測しています。

5.3.4　配賦差異の処理

　予定配賦を行った場合，実際発生額との間に差が生じることになります。ただ，この問題は，製造間接費の予定配賦時のみならず，材料における予定価格，賃金における予定賃率を使用したときにも生じる現象ですし，標準原価計算を使用した場合にも必ず原価差異が出てきます。

　ここでは，予定価格，予定賃率，そして製造間接費の予定配賦率を使用する，実際原価計算の枠組みの中での原価差異の処理実務について述べることにします。

　まず，実際原価計算制度における原価差異の処理原則は，売上原価に賦課することです。『基準』がこのような規定を置いたのは，第一に予定価格・予定賃率・予定配賦率が適切に設定されていれば，実際発生額との差はきわめて小さく，期末棚卸資産に配賦しなくてもその影響はほとんどないこと，第二に，月々において有利差異・不利差異は生じるだろうが，年間を通じて集計すれば，それは限りなく0に近づくはずであるという前提があったと考えられます。

　しかし，「予定価格等が不適当なため，比較的多額の原価差異」が発生する場合には，当年度の売上原価と期末の棚卸資産に配賦することになっています。予定価格「等」には，予定賃率および予定配賦率も含められていると考えられます。予定価格，予定賃率および製造間接費予定配賦率は，基本的には企業の外部環境の変化によって大きく変化する可能性があります。予定

5.3　製造間接費の予定配賦の実務　　**95**

価格は外部の市況によって大きく変化する可能性があります。賃率は，原則として基本給と加給金の合計を就業時間で除して計算します。つまり，就業時間が大きく減少すると，賃率も大きく増加するわけですが，就業時間は製品市場の変化によって増減します。製造間接費予定配賦率は基準操業度とその時の製造間接費予算から計算されます。基準操業度は理論的には作業時間（直接作業時間あるいは機械時間）を使用しますので，賃率と同様に製品市場で売上が落ちれば（あるいは経済上のイベントリスクが顕在化すれば），基準操業度も大きく変動します。つまり，これらの要素はいずれも大きく変動する可能性があるので，『基準』はこうした規定を置いたのだと思われる。

　ところで，「比較的多額」とはどの程度のことをいうのでしょうか。『基準』はこれを明確にしていませんが，法人税法基本通達 5-3-3 では，原価差額がおおむね総製造費用の 1% 以内である場合には原価差額の調整をしなくてもよいという記述があります。したがって，原価差異が予定価格・予定賃率・予定配賦率を使用して計算した原価の 1% 以内であれば，売上原価に賦課することになっています。

　それでは，実務では価格差異，賃率差異そして製造間接費配賦差異（予算差異＋操業度差異）はどのように処理されているのでしょうか。

　図表 5-6 から明らかなように，多くの企業が常に売上原価と期末棚卸資産に配賦するという処理をしていることがわかります。常に売上原価に賦課

図表 5-6　原価差異の処理方法

	価格差異	賃率差異	製造間接費配賦差異
常に売上原価に賦課	14 社（ 12.4%）	15 社（ 12.4%）	12 社（ 9.8%）
常に売上原価と期末棚卸資産に配賦	85 社（ 75.2%）	81 社（ 67.0%）	87 社（ 70.7%）
1% ルールに従う	14 社（ 12.4%）	24 社（ 19.8%）	24 社（ 19.5%）
無回答	0 社（ 0.0%）	1 社（ 0.8%）	0 社（ 0.0%）
回答企業数	113 社	121 社	123 社

出典：清水（2014，p.36，54，95）より作成

している企業は，原価差異がおおむね1%以内におさまっていると考えられます。また，1%ルールに従って，売上原価に賦課したり売上原価と期末棚卸資産に配賦している企業は，ばらつきはありますが，12.4%から19.8%の範囲にあります。

この結果からは，『基準』に示されている原則と例外が，逆になっていることがわかります。その理由は2つ考えられます。ひとつは，企業にとって原価差異は，常時1%ルールにおさまらないような金額が発生しているということ，もうひとつは，1%ルールで賦課と配賦の処理を切り替えるのが面倒なことが考えられます。複数のシステム・ベンダーの方々と話をしましたが，こうした設定は意外にやりにくいとのことでした。

いずれにしても，原価計算が実際原価計算の近似値になることを求めている以上，『基準』では複数の処理が認められてはいるものの，理論的には原価差異は常に売上原価と期末棚卸資産に配賦することが望ましいはずで，企業の実務は（理由はどうあれ）これに近いものとなっています。

なお，これらの原価差異の処理は，『基準』上は明確には示されていませんが，「決算時」を想定していると思われます。しかし，実務ではこの点についても異なっていることが判明しています。

図表5-7に見られるように，毎月末あるいは四半期末にこうした会計処理を行う企業は8割以上にのぼっています。原価差異が算定された原価の

図表5-7　原価差異処理のタイミング

	価格差異	賃率差異	製造間接費配賦差異
毎月末	59社（52.2%）	52社（43.0%）	52社（42.3%）
四半期末	38社（33.6%）	49社（40.5%）	52社（42.3%）
半期末	13社（11.5%）	15社（12.4%）	14社（11.4%）
年度末	3社（2.7%）	4社（3.3%）	5社（4.1%）
無回答	0社（0.0%）	1社（0.8%）	0社（0.0%）
回答企業数	113社	121社	123社

出典：清水（2014，p.36，53，95）より作成

5.3　製造間接費の予定配賦の実務　　**97**

1％以上存在するのであれば（企業にとって製造原価の1％はかなり大きい金額です），それが収益性に与える影響はできるだけ早期に認識しておかなければなりません。このため，遅くとも四半期末にはこうした処理を行うと考えているのだと思われます[i]。

まとめ

　製造間接費予算の編成にあたっては，製造間接費が変動費と固定費から構成されていることから，理論では変動予算を採用すべきであることが示されています。ところが，実務では固定予算を利用している企業が7割程度となっています。その理由は，固定予算といえども，企業は予算を変化させているからであると考えられます。考えてみれば，操業度が低下しているということは，収益が思うように上がっていないわけですから，企業は予算通り原価を使用してはいけないことを理解しているわけです。したがって，公式法変動予算のように明示的に予算を変化させるわけではないのですが，固定予算を使用していても状況に応じて製造間接費を増減させるということになっているのです。

　また，製造間接費予算を使用して製造間接費を予定配賦する場合，予定配賦額の合計と実際発生額には差が生じます。この原価差異の処理方法も理論と実務では大きく異なる点です。ただ，ここは『基準』が想定していた状況よりも，企業環境の変化が激しくなっている今日では，企業がその原価を正しく把握し，製品の収益性をできるだけ早く確認するために，原価差異を売上原価と棚卸資産に短いスパンで配賦していかなければならないことが原因であると考えられます。

---

i 　『基準』47(1)には，「当年度」の売上原価に賦課するか，「当年度」の売上原価と「期末」の棚卸資産に配賦するという記述になっています。しかし，四半期決算の導入により，原価差異も四半期末に処理すると考えた方がよいでしょう。ただし，『企業会計基準』第12号，「四半期財務諸表に関する会計基準」では，こうした原価差異が操業度等の季節的な変動に起因して発生したものであり，かつ原価計算期間末までにほぼ解消が見込まれる場合には，継続適用を条件として半期（第二四半期）末あるいは年度末まで繰り延べることを認めています。

《参考文献》

岡本清（2000）『原価計算』六訂版，国元書房

清水孝（2014）『現場で使える原価計算』中央経済社

清水孝（2016）「わが国企業における予算管理実務改善に関する調査」『早稲田商学』
第446号，早稲田商學同攻会，103–130

第6章

総合原価計算の理論と実務（1）
―― 仕掛品の評価について

本章の論点

　総合原価計算においては，仕掛品の評価が重要な計算ポイントとなります。本章では総合原価計算および個別原価計算の特徴を整理し，総合原価計算における計算原則を確認した上で，仕掛品の評価に関連する以下の実務と理論の異同について説明します。

① 仕掛品算定に利用する進捗度の決定

② 仕掛品の評価方法

6.1　問題の所在と背景

6.1.1　総合原価計算の形態と計算原則 ―――――――――――――

　原価計算には，大別すると少量品の受注生産に適している個別原価計算と，市場予測に基づく大量生産に適している総合原価計算があります。ただし，この2つの生産環境の境界線はかなりあいまいになってきています。

　図表6-1において，行は生産される製品の種類とその製品が単数で生産されるか複数生産されるかを示しており，列は製造部門あるいは工程[i]がひとつであるか複数であるかを示しています。

　まず，完全な市場生産（需要予測に基づいた生産）で単品を単一工程で量

100

図表 6-1　生産形態と原価計算の種類

	単品連続生産	複数製品連続生産	複数製品受注生産（複数）	複数製品生産（単数）
単一工程（製造部門）	（単一工程）単純総合原価計算	組別総合原価計算 等級別総合原価計算 連産品原価計算	ロット別単純個別原価計算	単純個別原価計算
複数工程（製造部門）	工程別総合原価計算	（工程別）組別総合原価計算 （工程別等級別総合原価計算） （工程別連産品原価計算）	ロット別部門別個別原価計算	部門別個別原価計算

産する場合には，**単一工程単純総合原価計算**が使用されます。他方，完全な注文生産で，複数の製品を生産するけれども，それぞれの生産数量はひとつであるようなケースで，製造部門（工程）がひとつだけの生産形態には，**単純個別原価計算**が適用されています。

　しかしながら，完全に単一工程で単品しか生産しないような工場は，大企業にはほとんどないでしょう。また，単一工程で複数の製品を1単位ずつしか生産しないようなケースもきわめて少ないと思われます。

　そこで，原価計算も工程を複数にしたケースに拡張されたものとして，**工程別総合原価計算**と**部門別個別原価計算**があります。ただし，前者で単品生産，後者で各製品1単位生産（例としては建設業とか造船業があげられていますが）というケースもやはりまれではないでしょうか。

　市場予測に基づく連続生産をする場合には，複数の製品を生産するケースが一般的です。これは，電機，精密機械，自動車，化学産業などで，主に消費財を生産するような場合に適用されます。原価計算としては，**組別総合原価計算，等級別総合原価計算**，および**連産品の原価計算**が行われます。複数製品の連続生産が行われるとき，原則として採用されるのが組別総合原価計

---

i　原価計算の理論では，総合原価計算において製造部門は工程と呼ばれます。たとえば，最初の製造部門で材料を切削して（切削部門），次の製造部門で切削した材料を組み立てる（組立部門）ような場合，前者を切削工程とか第1工程，後者を組立工程とか第2工程というのです。しかし，実務では個別原価計算でも製造部門を工程と呼ぶことが多いようです。実際のところ，用語を区別する意味はほとんどないと考えられます。

6.1　問題の所在と背景　**101**

算です。

　組別総合原価計算は，基本的には個々の製品に関する総合原価計算を行います。その際，複数の製品に共通する原価（組間接費）を各製品に配賦するという手続だけが単純総合原価計算と異なります。

　また，組別総合原価計算をより簡易的に実施するために，**等価係数**を使用して原価を各製品に配分するのが等級別総合原価計算です。

　組別総合原価計算にしても等級別総合原価計算にしても，各製品の数量は計画して生産することができます。これに対して，石油化学工業における，ガソリン，ナフサ，軽油や重油などのように，原油という一つの原料から同一の工程を経て複数の製品を生産するけれども，個々の製品の数量はある一定の割合に決まってしまい，個別に生産数量を決定できないような場合もあります。このような製品を**連産品**といいます。連産品の原価計算は，原価計算の原則とは異なり特殊な原価計算を使用します。

　受注生産で複数種類の製品を複数単位生産する場合に用いられるのが**ロット別個別原価計算**です。このような生産方法は，組別総合原価計算が適用される生産方法と非常によく似ています。違いは生産が一回で終わるか継続して行われるかという点にあります。ある PC メーカーでは，自社の PC を生産するときに，モデルチェンジが行われるまでの 12 か月間，需要予測に基づいて毎月連続生産します。このような場合には組別総合原価計算が適用されます。他方，あるモデルについて 12 か月分の需要を予測し，その生産台数に達するまでに一気に生産してしまうようなやり方もあります[ii]。このような場合には，ロット別個別原価計算が適用されます。

　なお，受注生産で複数の製品を複数単位生産するようなケースは，生産財あるいは消費財部品などを生産する場合で，これも多くの産業で利用されて

---

ii　このような生産をしますと，在庫を持つコストが必要になります。実際には，自社の工場を持たないファブレスの PC メーカーが，下請けに生産を委託するような場合に，こうしたことが生じます。したがって，実際には PC メーカー（企画して販売を行う企業）ではなく，いわゆる OEM（Original Equipment Manufacturer：相手先ブランド製造メーカー）が適用することになります。

102　第 6 章　総合原価計算の理論と実務（1）—— 仕掛品の評価について

います。一つの企業が消費者向けの製品とメーカー向けの製品を生産することもあり，この場合には同一企業の中で総合原価計算と個別原価計算の両方が行われます。

6.1.2 個別原価計算と総合原価計算の流れ

部門別個別原価計算では，すでに説明した通り，工場内に製造部門と補助部門を設定します。製造間接費は部門個別費と部門共通費に分類され，部門個別費は各部門に賦課，部門共通費は配賦されます。

典型的な部門別個別原価計算では，直接材料費と直接労務費は製品に対して賦課されていきます。

個別原価計算は，受注生産を行う企業が採用し，それぞれの製品別に製造指図書を発行し，これに対して原価を貼り付けていきます。したがって，基本的には，直接材料費と直接労務費は個々の製品（指図書）に対して，払い出した数量および投入された直接作業時間を用いて賦課できるのです。こうした流れを示したのが，図表6-2 です。

他方，総合原価計算の場合でも，工程（製造部門）が複数ある場合には，部門別計算を行いますが，その基本的な流れは若干個別原価計算の場合と異

図表6-2　部門別個別原価計算の流れ

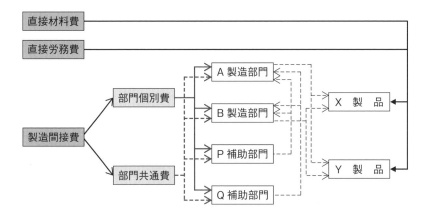

図表 6-3　工程別総合原価計算の流れ

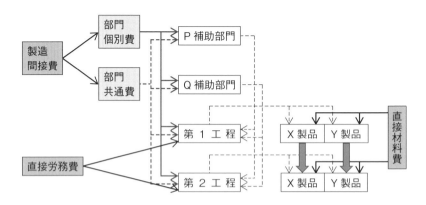

なります。

　たとえば，家具製造業を考えてください。木材を切削して家具のパーツを作る部門が切削部門（第1工程）で，多数のパーツを組み立てて家具にするのが組立工程（第2工程）です。この2つの製造部門で，家具販売店から特別仕様の家具の注文が入って生産すれば，原価計算の方式は個別原価計算となります。他方，家具メーカーがカタログナンバーを設定し，汎用品を量産していれば，原価計算の方式は総合原価計算となります。

　図表6-3は，組別総合原価計算を想定して描いています。製造間接費は部門個別費と部門共通費に分類され，部門個別費は各部門に賦課，部門共通費は配賦されます。さらに，補助部門に集計された製造間接費は製造部門である第1工程と第2工程に配賦されます。ここまでは個別原価計算と同じ手続となっています。

　異なるのは直接労務費の処理です。個別原価計算では，原則として直接労務費は製品に賦課されます。しかし，総合原価計算の場合は，直接労務費は工程に賦課されて，製造間接費と共に**加工費**というくくりになります。加工費は，複数の製品を生産している場合（図表6-3ではX製品とY製品の2種類），直接作業時間や機械時間などを配賦基準として，各製品に配賦されます。仮に加工費の配賦基準を直接作業時間とすれば，結果として直接労務

費を各製品に賦課しているのとまったく同じ結果になります。また，製造間接費の配賦基準も，通常こうした時間基準を採用していますので，流れが少し異なっているように見えるものの，実質的にはここまでは同じ処理が行われていると考えてよいでしょう。

直接材料費も，各工程の各製品に賦課されていきます。これも，個別原価計算と総合原価計算で違いはありません。

違いが出てくるのはここからで，**仕掛品**（しかかりひん）という概念についてです。仕掛品は，未完成品という意味で，作業が最後まで終了していない作りかけのものをいいます。個別原価計算の処理を考えます。たとえば，ある製品 1,000 個の注文があり，これを生産しているとします。月末に 950個完成し，50 個未完成であったとしましょう。通常，製品の生産に際しては，生産数量，納期や仕様を細かく記した製造指図書が発行され，原価もこの製造指図書に集計されていきます。個別原価計算では，上記のように，注文された 1,000 個のうち 95％が完成していても，製造命令数量の全部が完成するまでは，製造指図書全体が「仕掛中」であると認識されます。1,000 個すべてが完成してはじめて，指図書が完成品となるのです。

これに対して，総合原価計算では，生産に際して継続製造指図書が発行されることもありますが，基本的には同じ製品を継続して作り続けますので，毎月の生産品に対して原価が集計されていくことになります。先の例と同様に，950 個が完成していて，50 個が未完成であれば，950 個が完成品，50 個が仕掛品という扱いになって，当月の原価を完成品と未完成品に配分することになります。

このような違いは，個別原価計算が，原価の集計単位が「指図書」，つまり生産すべき全量であるのに対して，総合原価計算が一か月（あるいは四半期，半期，一年）間に生産した全量であることによって生じます。

受注生産では，顧客から受けた注文数量をすべて生産して納品することによって，生産が終了します。しかし，市場生産では，新製品に切り替えられたり，当該製品の生産そのものが打ち切りにならない限り生産は継続されま

6.1　問題の所在と背景　**105**

す。したがって，月末における完成品と仕掛品の原価をそれぞれ認識しておく必要が出てくるのです。

したがって，総合原価計算では，仕掛品の評価をいかにするのか，という問題が生じます。本章の論点としては，仕掛品の評価に関する理論と実務について述べていくことにします。

6.2 月末仕掛品の評価に関する理論

6.2.1 総合原価計算の手続

前述のように，総合原価計算では，一か月にある製品に投入された原価を完成品と月末仕掛品に配分しなければなりません。『基準』21 には次のように記されています。「単純総合原価計算にあっては，一原価計算期間に発生したすべての原価要素を集計して当期製造費用を求め，これに期首仕掛品原価を加え，この合計額（以下これを「総製造費用」という）を，完成品と期末仕掛品とに分割計算することにより，完成品総合原価を計算し，これを製品単位に均分して単位原価を計算する」。

次に，『基準』24 は完成品総合原価の計算手続を詳細に示しています。これを簡単に示せば，次のようなプロセスになります。

> 総合原価計算における完成品総合原価と期末仕掛品原価は，次の手続により算定する（『基準』24(1) および(2)）。
> ①当期製造費用および期首仕掛品原価を，原則として直接材料費と加工費とに分け，期末仕掛品の完成品換算量を直接材料費と加工費とについて算定する。
> ②期末仕掛品の完成品換算量の計算
> ・直接材料費：期末仕掛品に含まれる直接材料消費量の完成品に含まれるそれに対する比率を算定し，これを期末仕掛品現在量に乗

106　第6章　総合原価計算の理論と実務（1）—— 仕掛品の評価について

じて計算する。

・加工費：期末仕掛品の仕上り程度の完成品に対する比率を算定し，これを期末仕掛品現在量に乗じて計算する。

③当期製造費用および期首仕掛品原価を，次のいずれかの方法により，完成品と期末仕掛品とに分割して，完成品総合原価と期末仕掛品原価とを計算する。

・平均法

・先入先出法

・予定原価あるいは正常原価法

・無視法

すでに述べてきたように，総合原価計算においては，原価は直接材料費および加工費（直接労務費および製造間接費）に分類されています。**直接経費**（外注加工費や金型の減価償却費[iii]）がある場合には，基本的には加工費に含めると考えてよいでしょう。ただし，石油化学業のように，期末仕掛品における加工費の計算が困難な業界では，期末仕掛品の評価を直接材料費のみで行うことも認められています（『基準』24(2)4）。

この段階では，期首仕掛品直接材料費，期首仕掛品加工費，当期直接材料費そして当月加工費が認識されていますが，これらから期末仕掛品原価を計算します。このとき，期末仕掛品の完成品換算量を用います。期末仕掛品の完成品換算量は，期末仕掛品1単位が完成品1単位に対してどのくらいの原価を負担するかを示す尺度で，直接材料費と加工費それぞれについて設定されます。

---

iii　外注加工費は，加工作業の一部を下請けに出すことで生じる支払額です。金型は，プレス（鋼板から自動車のドアやボディを打ち抜く作業を想像してください）や射出成型の型（プラスチック部品を作るときの型です）などに用います。これらの減価償却費はいずれも，特定の製品に結び付けて考えることができるので製造直接費に分類されます。しかし，外注加工費は作業を外部に委託しているだけで，作業によって発生しますし，金型の減価償却費は製造間接費の性質を帯びているため，加工費の内訳とされるのです。

6.2　月末仕掛品の評価に関する理論　　**107**

6.2.2　期末仕掛品の評価方法

　期末仕掛品の具体的な計算方法については，『基準』は4つの方法をあげています[iv]。**平均法**および**先入先出法**はもっともよく知られている方法ですが，それ以外にも期末仕掛品を**予定原価**あるいは**正常原価で評価する方法**と，**無視法**も認められています。無視法というのは，期末仕掛品の数量が毎期ほぼ等しい場合，総合原価の計算上これを無視し，当期製造費用をもってそのまま完成品総合原価とする方法です。ただし，この方法は簡便法にすぎません。期末仕掛品の数量が毎期ほぼ等しくても，その単位当たりの原価は同じとは限らないからです。しかし，期末仕掛品の数量が完成品の数量と比較して無視してもよいほど小さい場合などは，この方法を使用しても問題は小さいでしょう。

　さらに，『基準』には示されていませんが，『企業会計基準』第9号には，**売価還元法**があり，この方法で期末仕掛品を評価することもできます。売価還元法は，期首棚卸資産原価と当期製造費用を期末までの売上高と期末棚卸資産の売価の合計で除して原価率を計算し，その原価率を期末の仕掛品の売価に乗じて原価を計算する方法です。

　売価還元法は，品目が多数にのぼるスーパーなどの販売業を前提に考えられていますが，この方法によれば，すべての製品に関する仕掛品および完成品在庫の原価率が同一になるため，理論的にはあまり好ましい方法ではないと考えられています[v]。

　理論的には，モノの動きを原価の動きに反映させられるということで，先入先出法がよい方法であるとか，一期間の製品原価の平均を計算できるとい

---

iv　『基準』には後入先出法もあげられていますが，今日ではこの使用は認められていません。

v　とはいうものの，今日のように多品種を生産するような状況では，一品ごとの原価計算をするのではなく，売価還元法を使用して原価計算に関する手間を省いてしまうというのもひとつの手かもしれません。なぜなら，結局製品に賦課できるのは直接材料費のみであって，加工費はほとんど配賦の連続で製品に割り当てられているからです。配賦のロジックがいかに正確に見えたとしても，それはあくまでも仮定の話にすぎないのです。たとえば，京セラでは原価管理はアメーバ経営によって行っているので，原価計算については売価還元法でよいと考えているようです。

108　第6章　総合原価計算の理論と実務（1）── 仕掛品の評価について

うことで，平均法がよい方法であるといったことが指摘されています。ただ，『基準』はどれが推奨されるのかを明示してはおらず，継続的適用を原則として，どの方法を採用してもよいことになっています。

なお，平均法および先入先出法に関する計算手続の詳細については，他書に詳しく述べられているのでここでは割愛します[vi]。

6.3 月末仕掛品評価の実務

6.3.1 月末仕掛品の存在

ここまで，『基準』に基づいて仕掛品については，「期末」仕掛品という表記をしてきました。実際には，毎月原価計算をしている企業が多いので，ここからは「月末」仕掛品という表記に統一します。

理論では，仕掛品の進捗度は一点にあることが暗黙の了解になっていました。原価計算の問題を見ますと，「月末仕掛品の加工進捗度は30％です」といった表記があります。これは月末仕掛品は，加工作業が全体の30％まで進んでいるということを示しています。しかし，自動車産業や電機産業などの生産ラインを見れば明らかなように，月末仕掛品は，ライン中のあちこちに存在していて，ある一点に仕掛品が集中して存在するということは，工程を終えて次工程に送られる前に存在する仕掛品（工程完了品）以外は，そうたくさんあるわけではありません。

図表6-4には，そうした状況が示されています。工程内の1か所に仕掛品があるとしている企業は，総合原価計算を使用している企業のうちわずか10.6％（15社）しかありませんでした。3/4ほどの企業では，工程内のあちこちに仕掛品が残っている状況でした。また，食品や医薬品産業を中心に，工程内に仕掛品を残さない，つまり，製品を作りきってその日，その月の生

[vi] 原価計算の初心者は，清水（2017），上級者は，清水（2011）などを参照してください。

図表6-4　仕掛品の状況（複数回答あり）

	全企業		素材系企業		組立型企業	
	社数	割合（%）	社数	割合（%）	社数	割合（%）
工程内に仕掛品はない	17	12.1	10	13.3	7	12.1
工程内のあちこちに仕掛品が残っている	106	75.2	55	73.3	45	77.6
工程内の1か所に仕掛品が残っている	15	10.6	9	12.0	5	8.6
無回答	7	2.1	2	2.7	3	5.2
回答企業数	141		75		58	

出典：清水（2014, p.123）に加筆

産を終了するという企業も12.1%（17社）あることがわかっています。この状況は産業別にも大きな相違がありませんでした。

　電機や自動車産業などでは，ラインの距離が長い場合が多く，このため，一日の生産を，すべての工程で作業が完了してから終えると，非効率が生じます。自動車の組立工程を想定していただければわかる通り，その日の最後の自動車に最後の部品の組付けが終わるのを待てば，工程の前の方の作業中心点は完全に遊んでしまいます。同様に，翌日の作業開始時点では，工程始点は作業をしていますが，その後の作業中心点はやることがないといった状況になります。ラインが短ければ大した問題にはなりませんが，工程が長くなれば，これは見過ごせない問題になります。したがって，このような工程では工程の各作業中心点に仕掛品が残っていることになります。

　工程内の1か所に仕掛品が残っているケースは，たとえば工程内に2か所の作業中心点があって，最初の作業中心点が終わったところに仕掛品がある，といった状況があります。このケースでは，月初仕掛品と月末仕掛品の加工進捗度は常に一定であるということになります。

6.3.2　仕掛品の加工進捗度

　6.3.1で説明した通り，仕掛品が工程の各所に散らばっている場合には，加工進捗度の算定も難しくなってきます。図表6-5で，加工進捗度の決定

図表 6-5　加工進捗度の決定方法（複数回答あり）

	全企業		素材系企業		組立型企業	
	社数	割合（%）	社数	割合（%）	社数	割合（%）
それぞれの仕掛品について実際加工進捗度を測定する	27	22.3	15	23.1	11	21.6
完成品の標準時間に対する仕掛品の標準時間で測定する	10	8.3	4	6.2	5	9.8
工程を 2 つから 4 つ程度に区切り，その区切り内にあるものを 25%，50%，75%などとする	21	17.4	8	12.3	12	23.5
工程のあちこちに仕掛品が散らばっているので，仕掛品全量に対して 50%としている	26	21.5	15	23.1	11	21.6
加工進捗度はゼロとしている	16	13.2	13	20.0	3	5.9
その他	19	15.7	9	13.8	7	13.7
無回答	3	2.5	1	1.5	2	3.9
回答企業数	121		65		51	

出典：清水（2014，p.124）に加筆

方法についてまとめてみました。

　仕掛品の加工進捗度の測定については，色々な方法が採用されていて，それぞれの仕掛品について直接に加工進捗度を測定する企業がもっとも多かったのですが，その割合は22.3%にとどまっています。また，前述のように工程の複数の作業中心点に仕掛品がある場合には，全体の加工進捗度を50%と考えることは合理的で，こうした企業も21.5%あることがわかっています。

　仕掛品の加工進捗度を 0 としている企業も 13.2%ありました。『基準』も平均法あるいは先入先出法を使用する場合，期末仕掛品における加工費の完成品換算量の測定が困難な場合には，加工費はすべて完成品に負担させることができるとしています（『基準』24(2)4）。組立型企業は，仕掛品を目視できる形で有してる場合が多いので，加工進捗度の測定は不可能ではないのですが，素材系企業の中には，仕掛品がプラントの装置内にあり，加工進捗度

6.3　月末仕掛品評価の実務　　**111**

がどの程度であるのかがまったくわからない場合も少なくありません。こうした場合には，仕掛品の加工進捗度を0とし，結果として加工費を仕掛品に負担させずにすべて完成品原価とすることになります[vii]。このことが，加工進捗度を0とする企業が素材系企業に多いことの理由になっています。

6.3.3 仕掛品の評価方法

本章の最後に，仕掛品の評価方法について見ておきましょう。図表6-6を見てください。

この結果からわかることは，多くの企業で歴史的原価による月末仕掛品の評価を行っていないということです。平均法（43.3%）および先入先出法（4.3%）を合わせても半数には満たず，予定原価や正常原価を使用したり，仕掛品の評価そのものをしないという企業が4割を超えています。これは何

図表6-6　仕掛品の評価方法（複数回答あり）

	全企業		素材系企業		組立型企業	
	社数	割合（%）	社数	割合（%）	社数	割合（%）
平均法	61	43.3	34	45.3	24	41.4
先入先出法	6	4.3	4	5.3	2	3.4
予定原価あるいは正常原価	56	39.7	27	36.0	25	43.1
当期製造費用をそのまま完成品原価とする	4	2.8	4	5.3	0	0.0
その他	10	7.1	5	6.7	5	8.6
無回答	4	2.8	2	2.7	2	3.4
回答企業数	141		75		58	

出典：清水（2014, p.126）に加筆

[vii]　なお，前回の調査によれば，加工進捗度を0としている企業は，パルプ・紙，化学，医薬品，窯業，非鉄金属・金属といった素材系産業に属する企業（合計12社）が多数を占めていますが，電気機器，自動車・自動車部品および精密機械でも1社ずつ採用がありました（清水，2014, p.125）。こうした産業でも素材から製品を生成する工程があり，これらの工程で採用されているか，または「加工費と比較して原材料費の比率がきわめて高いため，こうした実務を採っている」（清水，2014, p.125）ことが考えられます。

を意味するのでしょうか。

原価計算のテキストを読む際に，総合原価計算では，まず月末仕掛品の計算方法を学びます。先入先出法は，実際のモノの流れを原価計算に反映できる方法ですし，平均法は一か月の製品の着手の時点（前月か当月か）に関係なく完成品総合原価を計算する方法です。理論的な優位性はとくにないことはすでに述べた通りです。

こうした計算自体は，仕損品や減損がなければ，それほど難しいものではありません。それにもかかわらず，4割近くの企業が平均法や先入先出法を採用しないのはなぜなのでしょうか。

その理由はいくつか推測できます。第一に，現在の工場には数多くの工程があり，それぞれの工程ですべての仕掛品の算定をするのがきわめて煩雑になるという点です。

前回の調査で，代表的な工場において，工程がどのくらいあるのかを調べた結果が**図表6-7**です。単純平均値は，工程で17.0，補助部門で12.3でした。この結果は素材系企業も組立型企業も大差なかったので，全体のみの数値を示しておきます。

図表6-7　工程（製造部門）の数と補助部門の数

	工程（製造部門）		補助部門	
	社数	割合（%）	社数	割合（%）
1～5	76	38.0	79	39.5
6～10	44	22.0	52	26.0
11～20	23	11.5	16	8.0
21～30	9	4.5	4	2.0
31～50	2	1.0	6	3.0
51～100	8	4.0	5	2.5
101～	4	2.0	3	1.5
無回答	34	17.0	35	17.5
回答企業数	200		200	

出典：清水（2014, p.160）に加筆

6.3　月末仕掛品評価の実務　　**113**

工程で見れば，20 以内の企業が 7 割程度となっていますが，他方で 30 を超える工程を有している工場も 14 社（7.0％）あります[viii]。こうした企業では，個々の工程ごとに歴史的原価を計算することはきわめて煩雑であることは間違いありません。この数値は，代表的な工場ひとつでの値ですので，各工場でこうした多数の製品に関する仕掛品の計算を行うのはきわめて煩雑であることは予想できるでしょう。

　他方，工程が 20 までであっても，極端に平均法や先入先出法の採用率が高くなるわけではありません。これらの企業も，一つの工程で複数の製品を生産している場合も多く，結果的には個々の製品について平均法あるいは先入先出法の計算を行うことがやりにくくなる状況になっているのです。

　また，原価計算の方法は，企業が有している原価計算システムに大きく依存しています。原価計算のテキストにあるように，1 工程で単品生産あるいは 2〜3 工程で 2〜3 品目の生産を行っている場合なら手計算で原価計算を行うことができますが，実際には多品種を生産しているケースが多く，手計算では原価計算を行うことはほぼ不可能に近いと思います。

　後に補章で示すように，近年では ERP システムが多くの企業に導入されており，これらの企業では ERP システムの原価計算モジュールで原価計算を行うことも増えてきました。

　古い原価計算システムでは，多品種生産や高頻度生産に対応ができず，さりとて新しい原価計算システムを自前で一から作るのは時間も手間もかかります。もちろん，あくまでも自社開発のシステムで原価計算を行っている企業も少なくありません。しかし，「正確な原価の計算」には明らかに限界があり，企業は原価計算と原価管理とを切り離し，原価計算は簡便な方法で行っていく方向にあると感じられます。

　ERP システムの原価計算モジュールが簡便な方法であるか否かは論評の難しいところですが，少なくともモノの流れに従って原価計算を行うことが

[viii]　これらの企業のうち，月末仕掛品の評価方法について回答した企業は，平均法 2 社，先入先出法 1 社，予定価格法 3 社，その他 1 社でした。

でき，しかも，完成品原価の内訳が，各工程で投入されている部品1個，作業時間にまでさかのぼって確認することができる，これまででは考えられなかったような機能を有しています。他方，このシステムでは，ある原価中心点をモノが流れていくときに，すべて予定原価で流していく仕組みになっていますから，歴史的原価の計算はできないことになります。もし，歴史的原価にこだわるのであれば，そうしたシステムを構築していくしか他に方法はないということになるのです。

まとめ

　本章では，主として総合原価計算を行う場合の仕掛品評価について述べてきました。理論では，仕掛品加工費を計算するための加工進捗度をどのように決定するかはほとんど述べられていません。また，理論の仕掛品評価方法としては，平均法および先入先出法が主たる方法であると考えられています。これに対して，企業がどのように加工進捗度を測定しているのかを調べると実に様々な方法で実施していることがわかります。

　それは，製品が工程内の一点で仕掛品としてとどまっているとする理論の想定とは異なり，工程内に散らばっているからだと考えられます。したがって，加工費の計算を歴史的原価で行うことはそう簡単ではなく，これが予定原価あるいは正常原価の利用につながっていると考えられます。

　本書で繰り返し述べていますが，原価計算はできるだけ価値の移転を適切に写像していかなければならないのですが，工場の生産実態に合わせると，理論的な原価計算方法の採用がそう容易ではないということがわかるのです。

まとめ　　**115**

《参考文献》

清水孝（2011）『上級原価計算』第3版，中央経済社

清水孝（2014）『現場で使える原価計算』中央経済社

清水孝（2017）『原価計算』改訂版，税務経理協会

第7章

総合原価計算の理論と実務（2）
── 仕損・減損の処理について

本章の論点

　本章では，総合原価計算における仕損・減損の処理に関する理論（度外視法および非度外視法）について確認します。しかし，理論上優れているといわれている非度外視法はあまり使用されていないようです。その理由を以下の点に関連させて説明します。

　①　仕損・減損の発生状況

　②　仕損費・減損費の処理方法

7.1　問題の所在と背景

7.1.1　総合原価計算における仕損・減損の形態

　製品を生産する際，投入された原材料が月末時点で製品あるいは仕掛品とならないものが生じます（図表 7-1 参照）。ひとつは**仕損品**で，いわゆる生産に失敗した不良品をいい，もうひとつは**減損**で，投入した原材料が蒸発したり摩耗したり化学変化を起こして減少するものをいいます。

　両者を合わせて**歩減り**（ぶべり：歩留りの反対語）といいますが，仕損は有形の歩減り，減損は無形の歩減りを指しています。

　仕損は加工作業に失敗したものなので，工程内の様々な作業中心点で発生

117

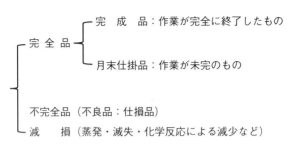

図表 7-1　投入された原材料のアウトプット

します。ただ，単に作業の失敗の場合だけではなく，とくに作業に失敗はなかったのだけれども，品質不良などによって仕損とされるものもあります。たとえば，電子部品など，外形的には問題ないものの，何らかの原因で最終検査に合格しなかったものなどがこれに該当します。

　減損は，投入した数量の合計よりも産出した数量（仕損を含む）の合計が少なくなる場合，両者の差額として認識されます。したがって，仕損は直接数量の測定ができますが，減損は，生産終了後，間接的にしか確認することができないという特性があります。原料の蒸発や化学反応による数量の減少，原料の切削や研磨などによる屑の発生などがその原因です。ただ，作業屑として直接認識・回収できるものについては，作業屑としての処理を行うことになります[i]。

　仕損品は，最終的にはそのまま廃棄される，材料として再投入される，B級品として販売される，あるいは**手直し**（再作業）を行って完全品として販売するといったことが行われます。減損は，そもそも減失しているものなので，何もできません。

7.1.2　仕損費・減損費の負担のさせ方

　これらの仕損・減損はなぜ発生するのでしょうか。仕損の多くは作業の失

---

[i] 『基準』28(4)では，作業屑の処理について副産物に準ずることとしています。

敗によるものです。そして，こうした作業の失敗をゼロにすることは非常に困難です。減損も化学反応，蒸発，削り屑などいずれの場合にも，作業に伴って不可避的に発生します。もちろん，企業は自らの努力で仕損や減損の発生数量を減少させようと努力しています。しかし，ある一定の範囲を超えてこれらを減少させようとすると，工具の技術を高める，熟練工を採用する，よりよい品質の原料を使用するなど，そのためのコストが生じます。したがって，これらの仕損・減損によって生じた原価は，異常な原因に基づくもの以外は[ii]，製品を生産するために必然的に発生する原価であると考えるべきです。

　ただし，近年の品質管理会計の領域では，とくに仕損が発生してそれが市場に出回ったときの様々な損失（**外部失敗コスト**）はきわめて大きなものになるので，こうした仕損を減少させるためのコスト（**予防コスト**）をかけても外部失敗コスト（とりわけレピュテーション・コスト）を回避することが不可欠となっています。どの程度の仕損や減損を許容するのかは，企業の判断に委ねられています。

　さて，このような仕損や減損に要した原価が，正常なものであり製品を生産するために不可避的に発生するのであれば，それらの原価は製品が負担しなければなりません。正確には完全品である完成品と月末仕掛品が負担することになります。ただし，理論では，仕損費・減損費は完成品のみが負担するか，月末仕掛品も負担するかについての場合分けを考えています。

　本章の論点は，仕損や減損の発生状況と完全品への負担のさせ方についてです。仕損・減損の発生状況はどのようなものであるのかを踏まえた上で，理論の考え方と実務の実際について見ていきましょう。

[ii]　異常な原因（災害・事故など）によって発生した仕損費・減損費は，営業外損失あるいは特別損失に計上されます。なお，理論では正常な範囲の数量や金額からはずれた仕損・減損も異常であるとする場合があることを示していますが，正常な範囲を合理的に決定することはきわめて困難です。

7.1　問題の所在と背景　**119**

7.2 仕損費・減損費の処理に関する理論

7.2.1 仕損および減損の発生形態と認識

　仕損および減損はどのように発生するのでしょうか。いくつかの状況について考えてみます。

　まず，仕損については，作業に伴って発生しますので，多くの場合どこで仕損が発生したか認識できます。このような発生形態を**定点発生**といいます。他方，どこで発生したのかがわからない場合もあります。電子部品の生産などは，工程のあちこちで仕損が発生していると考えられますが，電子的な検査を行わなければ良品かどうかわかりません。

　次に減損ですが，複数の原料をある点で混ぜた時に減量が生じる場合は，減損がその点で発生したことになります（定点発生）。また，加熱時の蒸発のように，工程を通じて平均的に発生するであろうと考えられる減損もあります。このような減損の発生状況を**工程平均発生**といいます。

　発生した仕損・減損の認識の方法には，主として2つの方法があります。ひとつは工程において作業中に仕損を発見する場合です。作業しているものに傷がないかどうかの確認，あるいは工具が行っている作業の失敗を自覚してラインからはずすような場合がこれにあたります。電機や自動車メーカーの組立工程では，こうした発見の仕方を行うことができます。

　もうひとつは，検査点で認識する方法です。検査点に到達したすべての産出物について検査・検量を行う方法です。仕損については検査，減損については検量となります。減損は直接認識はできないので，目視で発見することはできません。前述のように，電子部品などは仕損が発生していても，検査をするまでは仕損かどうかはわかりません。このため，どこで発生しているか，ではなくどこで発見しているか，が重要になります。なお，検査点は，工程の中に置くこともできれば工程の終点に置くこともできます。理論的には，仕損が多く発生していると考えられる作業の直後に検査点を置いて仕損

120　第7章　総合原価計算の理論と実務（2）── 仕損・減損の処理について

品をはじいてやれば，仕損品に関するその後の追加の原価は発生しません。仕損品だと気づかず加工を続ければ，無駄なコストがかかってしまうのです。減損は消えてなくなっているものなので，こうした問題は生じません。

7.2.2 仕損品の評価

多くの場合，仕損品は廃棄処分されますが，時には原料として再投入されたりB級品として販売される場合もあります。これらの価値について，仕損費の処理（良品に負担させる）をする前に仕損費から控除しておく必要があります。なお，減損は減失しているのでこうした問題は生じません。

図表7-2は，『基準』28による**仕損品評価**の方法です[iii]。売却できる場合には原則として見積売却額としますが，より理論的には，見積販売費および一般管理費や，通常の利益額まで控除したものが使われるべきであると考えられます。理論的には，仕損費は仕損品を生産するために生じた原価なので，見積売却額という売価から原価ベースに引き直すために利益を控除すべきだと考えるのです。

ただし，仕損品の売却に関する販売費および一般管理費を個別に推定する

図表7-2　仕損品の評価方法

そのまま売却できる場合	①見積売却額－見積販売費および一般管理費 ②見積売却額－見積販売費および一般管理費 　－通常の利益額
加工の上売却できる場合	①見積売却額－見積追加加工費 　－見積販売費および一般管理費 ②見積売却額－見積追加加工費 　－見積販売費および一般管理費－通常の利益額
そのまま再利用する場合	見積原価節約額
加工の上再利用する場合	見積原価節約額－見積追加加工費
軽微な場合	雑収入として原価計算外

iii　『基準』28 は，総合原価計算における副産物等の評価について定めていますが，その中で，「作業くず，仕損品等の処理および評価は，副産物に準ずる」とあります。

7.2　仕損費・減損費の処理に関する理論　**121**

ことは難しく，通常の利益額に至っては，仕損品の売却にまで通常の利益を求めなければならないのかという疑問も生じます。

7.2.3　仕損費の完全品への負担（1）：度外視法

それでは仕損費の負担の問題について述べていきましょう。これは，原価計算理論では（そして各種の資格試験においては），総合原価計算上もっとも重要な課題となります。

まず，『基準』27 から見ていきます。『基準』27 には，「総合原価計算においては，仕損の費用は，原則として，特別に仕損費の費目を設けることをしないで，これをその期の完成品と期末仕掛品とに負担させる」とあります。また，「減損の処理は，仕損に準ずる」ことも示されていますので，とくに断りのない場合には，「仕損」という表記は減損を含むことにします。

（1）度外視法の考え方

度外視法は，『基準』が示すように，仕損費の費目を設けず，とくに仕損費の計算をしないで完全品に対して仕損費を負担させる方法です。この方法によれば，投入数量から仕損品の数量を控除して，配分単価を増加させることで，自動的に良品に対して仕損費を負担させます。

計算例 1

ごく簡単な例を示してみましょう。今月，1,000 個の材料を工程始点で投入して加工作業を行い，月末において 800 個の完成品，100 個の仕掛品，100 個の仕損品を産出したとします。仕損品は工程終点の検査点で発見したため，すべての材料と加工が投入されています。月初の仕掛品はゼロ，月末仕掛品の加工進捗度は 50% だとします。また，当月の直接材料費は 900,000 円，加工費は 646,000 円でした。

通常の仕掛品の計算であれば，次のような計算を行うはずです。

月末仕掛品の直接材料費

＝ 900,000 円 ÷（800 個＋100 個＋100 個）× 100 個＝ 90,000 円

122　第 7 章　総合原価計算の理論と実務（2）── 仕損・減損の処理について

月末仕掛品の加工費

　　＝646,000 円 ÷（800 個＋100 個×0.5＋100 個）×100 個×0.5＝34,000 円

　このとき，直接材料費の配分単価は 900 円（900,000 円 ÷1,000 個），加工費の配分単価は 680 円（646,000 円 ÷950 個）となっています。これは，純粋に投入 1 単位当たりにかかったコストを計算した配分単価です。

　度外視法の考え方は，仕損品の数量を無視（度外視）して計算する方法です。仕損品の数量を無視して計算すると，次のような計算になります。

　　月末仕掛品の直接材料費

　　＝900,000 円 ÷（800 個＋100 個）×100 個＝100,000 円

　　月末仕掛品の加工費

　　＝646,000 円 ÷（800 個＋100 個×0.5）×100 個×0.5＝38,000 円

　　完成品の直接材料費＝900,000 円 －100,000 円 ＝800,000 円

　　完成品の加工費＝646,000 円 －38,000 円 ＝608,000 円

　いずれの金額も，先ほどの計算結果よりも大きくなりました。なぜでしょうか。配分単価は，直接材料費については 1,000 円（900,000 円 ÷900 個），加工費については 760 円（646,000 円 ÷850 個）となっています。

　　直接材料費の配分単価：900 円 →1,000 円

　　加工費の配分単価：680 円 →760 円

　この差分が，仕損費です。仕損品の数量を配分単価の計算から差し引くことによって，配分単価が増加しますが，それが完成品および月末仕掛品が負担する仕損費ということになります。最初の配分単価は，インプット 1 単位当たりで計算していますが，度外視法で計算した配分単価は，アウトプット 1 単位当たりで計算していることに注意しましょう。

　『基準』は明確には示していませんが，「特別に仕損費の費目を設けることをしないで，これをその期の完成品と期末仕掛品とに負担させる」とすると，仕損品の数量を計算から度外視して自動的に仕損費の負担をさせる度外視法の形をとることになると考えられているのです。

7.2　仕損費・減損費の処理に関する理論　　**123**

(2) 月末仕掛品の加工進捗度と仕損品の発生点：定点発生の場合

　度外視法の基本的な原理について理解していただけたと思います。しかし，ここでひとつ問題が生じます。それは，仕損の発生点と月末仕掛品の加工進捗度に関する問題点です。

　図表7-3のAは，月末仕掛品は仕損の発生点を通過している場合を表しています。たとえば，仕損は，工程の50％点にある検査点で発見されているとしましょう。月末仕掛品は，この検査点を通過した良品ということになります。理論的には，仕損費は，この検査点で発生すると考えられます。原価の発生点を通過している以上，完成品はもとより，月末仕掛品も仕損費を負担すべきであると考えます。

　他方，Bのように月末仕掛品の加工が仕損の発生点の前で終わっている場合は，月末仕掛品が仕損費の発生点に至っていません。したがって，月末仕掛品は仕損費の負担をするべきではない，ということになります。

　このように，仕損の発生点と月末仕掛品の加工進捗度の関係によって，月末仕掛品が仕損費を負担するかしないかを決めるべきであるという考え方もあります。

　それでは，工程の終点に検査点があって，そこで仕損が発見されるような場合はどうなるでしょうか。このケースでは，工程の終点ですべての加工作

図表7-3　仕損の発生点と月末仕掛品の加工進捗度

A　仕損の発生点は月末仕掛品の加工進捗度の前にある

B　仕損の発生点は月末仕掛品の加工進捗度の後ろにある

業が終了した時点で仕損費が発生すると考えられるので，月末仕掛品がどこにあっても，仕損費は負担しないことになります。

　ここで先ほどの例をもう一度考えてみましょう。月末仕掛品にも仕損費を負担させる場合，配分単価は，仕損の数量を控除して計算し，仕損費を自動的に配分単価に含める計算をしました。しかし，仕損が工程終点で発生するケースでは，月末仕掛品は仕損費を負担しないわけですから，上記のような計算をしてはいけないことになります。したがって，仕損費を含まない配分単価を計算して，月末仕掛品を計算します。このときの配分単価は，インプット1単位当たりの配分単価を使用します。

　　月末仕掛品の直接材料費

　　　＝900,000円 ÷（800個＋100個＋100個）×100個＝90,000円

　　月末仕掛品の加工費

　　　＝646,000円 ÷（800個＋100個×0.5＋100個）×100個×0.5＝34,000円

　この計算によれば，月末仕掛品には仕損費は含まれていません。したがって，投入した原価から仕損費の含まれていない月末仕掛品原価を引くことによって，自動的に仕損費を完成品に負担させるのです（図表7-4参照）。

　しかし，この考え方には異論もあります。このケースでは，工程の終点で仕損を「発見」はしているけれども，もっと前の段階で「発生」していることが考えられるからです。仕損は作業によって発生しますが，その原因となる作業は工程のあちこちにあります。したがって，発見が工程終点であった

図表7-4　仕損費を完成品のみが負担する場合

完成品	当月総製造費用－仕損費を含まない月末仕掛品＝仕損品を含んだ完成品原価
仕損品	
仕損費を含まない月末仕掛品	

7.2　仕損費・減損費の処理に関する理論　　**125**

図表 7-5　度外視法の考え方：仕損定点発生

従来の通説	工程の始点あるいは途中で発生した仕損の仕損費は，完成品と月末仕掛品が負担する（Matz et al., 1967）。工程終点で発生した場合は完成品のみが仕損費を負担する。
進捗度を加味した方法	仕損の発生点と月末仕掛品の進捗度を比較し，仕損の発生点＞月末仕掛品の進捗度であれば仕損費は完成品のみが負担し，仕損の発生点 ≦ 月末仕掛品の進捗度であれば完成品のみが負担する。
完全な度外視法	仕損が工程を通じてあちこちで発生するのなら，発見点がどこになっても常に仕損は完成品と月末仕掛品の両方が負担する。

としても，発生が月末仕掛品より前にあるのなら，仕損費の一部は月末仕掛品に負担させるべきです。このように考えると，純粋に工程の終点で発生して発見された仕損の仕損費は完成品のみが負担するけれども，工程のあちこちで発生していると考えられる仕損を工程の終点で発見しているような場合には，その仕損費は月末仕掛品も負担すべきであるという理屈が成り立ちます。

　以上，度外視法の考え方を整理すると，2つのパターンに分けることができますが，もうひとつの考え方を含めて**図表 7-5** に一覧しました。

(3) 減損が工程を通じて平均的に発生している場合

　ここまでは仕損を前提として述べてきました。基本的には減損も同じと考えてよいのですが，一点だけ異なるケースがあります。それが工程を通じて平均的に発生する減損の場合です。

　減損は投入した原料がなくなってしまう状態を示しています。たとえば，原料をいくつか混ぜ合わせて加熱攪拌するときには，平均的に蒸発することが考えられます。工程を通じて平均的に発生するということは，月末仕掛品がどこにあっても，多かれ少なかれ減損の発生点を通過しているということになります。したがって，工程で平均発生している減損の減損費については，

図表 7-6　度外視法の考え方：減損工程平均発生

月末仕掛品の進捗度がどうあれ，減損の発生点を必ず通過
しているため，完成品と月末仕掛品の両者が減損費を負担
する。なお，減損の加工進捗度は 50％とする。

完成品と月末仕掛品が負担する，というのが一般的な考え方になっています
（図表 7-6 参照）。

　ここで「減損」に限定して説明したのは理由があります。仕損も工程で平
均的に発生する可能性はあります。仕損は，ある特定の複雑な作業に由来し
て発生するものもありますが，それぞれの作業中心点で発生するものもあり
ます。後者の場合は，減損と異なり，完全に平均的に発生するわけではあり
ませんが，工程を通じて発生するものとなります。

　工程で平均的に（あるいは工程の各作業中心点で）発生した仕損の仕損費
はどのように処理するのでしょうか。処理方法は，仕損品の発見の仕方に依
存します。仕損品には，外形的あるいは物理的に問題があるものと，外形的
には問題がないけれども，機能的に問題があるものがあります。たとえば作
業をしていて穴をあける位置を間違えた，という場合は外形的な仕損なので，
その仕掛品の作業は止められて，流れ作業を行っている場合にはラインから
降ろされるでしょう。他方，工程の終点で電気的な検査を行ってはじめて機
能的な問題が発見される仕損品については，工程のあちこちで発生はしてい
るだろうけれども，原料も加工もすべて投入されてしまっています。

　減損は，発生すればその分の原料が消滅していますので，減損発生分につ
いて追加の加工は絶対に生じません。したがって，仕損で発生と同時に加工
が終了されるものについては，減損費の処理と同じで問題はないと思われま
す。

　しかし，工程のあちこちで発生してはいるけれども，工程の終点で発見し
ている仕損の仕損費については，理論的には月末仕掛品の進捗度の点までに
生じた仕損の仕損費は月末仕掛品に負担させ，それ以降の仕損費は完成品の
みに負担させるという複雑なことをやらなければならなくなります。

7.2　仕損費・減損費の処理に関する理論　　**127**

度外視法ではこうした複雑な計算はできませんので，図表 7-5 にある進捗度を加味した方法で，工程終点で発生したとみなして完成品のみに負担させる方法をとるか，あるいは完全な度外視法で，いかなる場合にも完成品と月末仕掛品の両者が負担するかのいずれかをとらざるを得ません。どちらを採用するかは企業の考え方によります。

なお，『基準』27 の表記は，仕損費を「その期の完成品と期末仕掛品とに負担させる」としているため，常に両者負担とするよう求めているように読めなくはありませんが，理論的に考えて完成品のみに負担させることを否定するものではないとするのが一般的な考え方です。

7.2.4　仕損費の完全品への負担（2）：非度外視法

度外視法は，非常に簡便的に仕損費を完全品に負担させることができる方法ですが，ふたつの大きな問題を有しています。ひとつは，仕損の発生形態によっては，正確に完全品に負担させることができない場合があることです。たとえば，複数の点で仕損が発生している場合などがこれにあたります。

ふたつめはより大きな問題で，発生している仕損や減損に，どのくらいの原価がかかっているのかを把握することができない点です。もちろん，仕損や減損は数量として把握できますし，発生数量を減少させるために取り組みが常時なされています。しかし，これを金額で認識することも重要です。1個当たり 10,000 円の仕損が 100 個発生した場合，「仕損が 100 個分発生した」と「仕損費が 1,000,000 円発生した」では，日々 1 円単位の原価削減に取り組んでいる作業現場に対して与えるインパクトは大きく異なります。仕損品は手直しが行われなければ廃棄される，つまり投下した原価は無駄になってしまうわけで，こうした無駄をなくすための意識づけとして仕損費や減損費を認識しておくことが必要となるのです。

(1) 非度外視法の考え方

非度外視法では，いったん仕損費あるいは減損費を計算し，これを良品に

128　第 7 章　総合原価計算の理論と実務（2）── 仕損・減損の処理について

負担する方法です。度外視法で使用した例を今一度使って説明しましょう。

計算例2

今月，1,000個の材料を工程始点で投入して加工作業を行い，月末において800個の完成品，100個の仕掛品，100個の仕損品を産出したとします。仕損品は工程終点の検査点で発見したため，すべての材料と加工が投入されています。月初の仕掛品はゼロ，月末仕掛品の加工進捗度は50%だとします。また，当月の直接材料費は900,000円，加工費は646,000円でした。

非度外視法の計算では，仕損費をまず計算します。この例でいえば，仕損費は次のように計算されます。

　　仕損品の直接材料費

　　　=900,000円÷(800個+100個+100個)×100個=90,000円

　　仕損品の加工費

　　　=646,000円÷(800個+100個×0.5+100個)×100個=68,000円

この他，月末仕掛品および完成品原価も計算しておきます。

　　月末仕掛品の直接材料費

　　　=900,000円÷(800個+100個+100個)×100個=90,000円

　　月末仕掛品の加工費

　　　=646,000円÷(800個+100個×0.5+100個)×100個×0.5=34,000円

　　完成品の直接材料費[iv]

　　　=900,000円-90,000円-90,000円=720,000円

　　完成品の加工費

　　　=646,000円-34,000円-68,000円=544,000円

前述のように，直接材料費の配分単価は900円（900,000円÷1,000個），加工費の配分単価は680円（646,000円÷950個）となっています。これを

---

iv　完成品原価は，当月総製造費用（月初仕掛品原価+当月製造原価）-月末仕掛品原価-仕損品原価で計算します。このケースや平均法を用いた計算では，配分単価に完成品数量を乗ずることで計算はできますが，先入先出法の場合にはそれが不可能なので，基本的に上式で計算することになります。

7.2　仕損費・減損費の処理に関する理論　**129**

使用して，まずは仕損品を算出するのにいくらのコストがかかったのかを確認します。

仕損費 = 90,000 円 + 68,000 円 = 158,000 円

次に，158,000 円の仕損費を完全品に負担させる計算をします。ここでは，仕損の発生点と月末仕掛品の進捗度を比較して，完成品のみが負担するのか，月末仕掛品も負担するのかを決定しなければなりません。このケースは，仕損が工程の終点で発生しているため，完成品のみが仕損費を負担します。

完成品総合原価 = 完成品直接材料費 + 完成品加工費 + 仕損費

= 720,000 円 + 544,000 円 + 158,000 円

= 1,422,000 円

このように，非度外視法は，いったん仕損費を計算し，これを良品に負担させるという 2 段階で計算が行われます。

(2) 定点発生両者負担の考え方

それでは，仕損の発生点が月末仕掛品の前にある場合，すなわち，仕損費を完成品と月末仕掛品の両者が負担しなければならない計算について考えていきます。先ほどのケースの数字を少し変えてみましょう。

計算例 3

今月，1,000 個の材料を工程始点で投入して加工作業を行い，月末において 800 個の完成品，100 個の仕掛品，100 個の仕損品を産出したとします。仕損品はその発生点が特定の作業に起因しているため，その作業の直後，工程の 30% のところにある検査点で発見しています。月初の仕掛品はゼロ，月末仕掛品の加工進捗度は 50% だとします。また，当月の直接材料費は 900,000 円，加工費は 645,920 円でした。

先の例と同様に，まず，仕損費，月末仕掛品原価および完成品原価を計算しておきます。

仕損品の直接材料費

= 900,000 円 ÷ (800 個 + 100 個 + 100 個) × 100 個 = 90,000 円

130　第 7 章　総合原価計算の理論と実務（2）—— 仕損・減損の処理について

仕損品の加工費

$= 645,920\ 円 \div (800\ 個 + 100\ 個 \times 0.5 + 100\ 個 \times 0.3) \times 100\ 個 \times 0.3$

$= 22,020\ 円$

月末仕掛品の直接材料費

$= 900,000\ 円 \div (800\ 個 + 100\ 個 + 100\ 個) \times 100\ 個 = 90,000\ 円$

月末仕掛品の加工費

$= 645,920\ 円 \div (800\ 個 + 100\ 個 \times 0.5 + 100\ 個 \times 0.3) \times 100\ 個 \times 0.5$

$= 36,700\ 円$

完成品の直接材料費

$= 900,000\ 円 - 90,000\ 円 - 90,000\ 円 = 720,000\ 円$

完成品の加工費

$= 645,920\ 円 - 22,020\ 円 - 36,700\ 円 = 587,200\ 円$

次に第2段階の計算，すなわち，仕損費（90,000 円 + 22,020 円 = 112,020 円）を完成品と月末仕掛品に負担させます。このとき，**完成品数量と月末仕掛品数量（直接材料費）をベースに仕損費を配分していきます**。なぜなら，**定点発生の仕損は，まさしく定点で発生するため，定点投入する直接材料費と同じコスト・ビヘイビアを有している**からです。したがって，仕損費は完成品数量 800 個と月末仕掛品数量 100 個に配分します。

月末仕掛品が負担する仕損費

$= 112,020\ 円 \div (800\ 個 + 100\ 個) \times 100\ 個 ≒ 12,447\ 円$

完成品が負担する仕損費

$= 112,020\ 円 \div (800\ 個 + 100\ 個) \times 800\ 個 ≒ 99,573\ 円$

したがって，完成品総合原価および月末仕掛品原価は以下のように計算されます。

完成品総合原価 = 完成品直接材料費 + 完成品加工費 + 仕損費

$= 720,000\ 円 + 587,200\ 円 + 99,573\ 円$

$= 1,406,773\ 円$

7.2　仕損費・減損費の処理に関する理論　**131**

月末仕掛品原価 = 月末仕掛品直接材料費 + 月末仕掛品加工費 + 減損費

$$= 90,000\,円 + 36,700\,円 + 12,447\,円 = 139,147\,円$$

（3）工程平均発生減損の計算

次に，工程で平均的に発生する減損の非度外視法による計算を行ってみましょう。

計算例4

今月，1,000kg の材料を工程始点で投入して加工作業を行い，月末において 800kg の完成品および 100kg の仕掛品が生じ，100kg が蒸発したとします。この減損は，工程の終点で測定されますが，工程を通じて平均的に発生していることが確認されています。月初の仕掛品はゼロ，月末仕掛品の加工進捗度は 50% だとします。また，当月の直接材料費は 900,000 円，加工費は 645,300 円でした。

減損の直接材料費

$$= 900,000\,円 \div (800kg + 100kg + 100kg) \times 100kg = 90,000\,円$$

減損の加工費

$$= 645,300\,円 \div (800kg + 100kg \times 0.5 + 100kg \times 0.5) \times 100kg \times 0.5$$
$$= 35,850\,円$$

月末仕掛品の直接材料費

$$= 900,000\,円 \div (800kg + 100kg + 100kg) \times 100kg = 90,000\,円$$

月末仕掛品の加工費

$$= 645,300\,円 \div (800kg + 100kg \times 0.5 + 100kg \times 0.5) \times 100kg \times 0.5$$
$$= 35,850\,円$$

完成品の直接材料費

$$= 900,000\,円 - 90,000\,円 - 90,000\,円 = 720,000\,円$$

完成品の加工費

$$= 645,300\,円 - 35,850\,円 - 35,850\,円 = 573,600\,円$$

次に第2段階の計算，すなわち，減損費（90,000 円 + 35,850 円 = 125,850

円）を完成品と月末仕掛品に負担させます。このとき，**完成品数量と月末仕掛品数量の完成品換算量（数量×加工進捗度）をベースに仕損費を配分して**いきます。なぜなら，**工程平均発生の減損は，まさしく工程を通じて平均的に発生するため，加工費と同じコスト・ビヘイビアを有している**からです。

したがって，減損費は完成品数量 800 個と月末仕掛品数量の完成品換算量 50 個に配分します。

月末仕掛品が負担する減損費

$= 125,850$ 円 $\div (800$ 個 $+ 50$ 個$) \times 50$ 個 $\fallingdotseq 7,403$ 円

完成品が負担する減損費

$= 125,850$ 円 $\div (800$ 個 $+ 50$ 個$) \times 800$ 個 $\fallingdotseq 118,447$ 円

したがって，完成品総合原価および月末仕掛品原価は以下のように計算されます。

完成品総合原価 ＝完成品直接材料費＋完成品加工費＋減損費

$= 720,000$ 円 $+ 573,600$ 円 $+ 118,447$ 円

$= 1,412,047$ 円

月末仕掛品原価 ＝月末仕掛品直接材料費＋月末仕掛品加工費＋減損費

$= 90,000$ 円 $+ 35,850$ 円 $+ 7,403$ 円 $= 133,253$ 円

(4) 平均法と先入先出法

ここまでは，月初仕掛品のない簡単な状況について説明してきました。しかし，計算例にもあったように，月末仕掛品があれば，それは翌月の月初仕掛品になります。このため，このような単純なケースは多くの工場ではほとんど発生せず，月末仕掛品の評価を行うためには先入先出法か平均を用いることになります。

平均法は，月初仕掛品原価と当月投入の製造費用を合計し，これを月初仕掛品数量と当月投入数量で除して配分単価を計算しますので，基本的にはここまでに説明してきた方法と同じように計算します。つまり，月初仕掛品と当月投入の数量と金額の合計が，計算例 3 および 4 の当月の投入量であり原

価となると考えればよいので，大きな問題は生じません。

　他方，先入先出法では，計算上きわめて大きな問題が生じます。それは，「月初仕掛品からは仕損や減損が発生しない」という前提をつけないと，測定や計算がきわめて面倒になるという点です。この点を説明するために，以下の計算例5で考えてみます。

〈①仕損定点発生＋先入先出法〉

計算例5

　ある工場では原料を加工して機械部品を生産しています。今月の数量および原価の状況は次の通りでした。月末仕掛品は先入先出法で計算します。なお，仕損品はすべて当月着手分から発生したと考えます。

	数　量	原　料　費	加　工　費
月初仕掛品	200 個（30%）	56,600 円	15,600 円
当月着手	3,800 個	1,083,000 円	1,003,460 円
小　　計	4,000 個	1,139,600 円	1,019,060 円
仕　　損	100 個（50%）		
月末仕掛品	200 個（70%）		
（差引）完成品	3,700 個		

（　）内は加工進捗度および仕損発生点

　先入先出法で月末仕掛品を評価しますので，当月着手分（原料費の数量3,800 個，加工費の数量（完成品換算量）3,830 個ᵛ）から月末仕掛品原価を計算します。

　　月末仕掛品の原料費

　　　＝1,083,000 円 ÷3,800 個×200 個＝57,000 円

　　月末仕掛品の加工費

　　　＝1,003,460 円 ÷3,830 個×200 個×0.7＝36,680 円

　次に仕損費を計算しますが，このときに必要なのが，説明についていた

ᵛ　完成品数量＋仕損品完成品換算量＋月末仕掛品完成品換算量－月初仕掛品完成品換算量＝3,700 個＋100 個×0.5＋200 個×0.7－200 個×0.3

134　第 7 章　総合原価計算の理論と実務（2）——仕損・減損の処理について

「仕損品はすべて当月着手分から発生したと考えます」という文言です。工程に当月投入したものは，月初仕掛品（先月の作りかけ）と今月一から生産しているものです。そうすると，原価も月初仕掛品と生産着手品のふたつがあり，それぞれは異なりますから，仕損費を計算するためには，仕損費の配分単価を月初仕掛品と当月製造費用のどちらで計算するのかを決めなければならないのです。説明の通りに計算すれば，次のようになります。

    仕損品の原料費

      ＝1,083,000 円 ÷3,800 個×100 個＝28,500 円

    仕損品の加工費

      ＝1,003,460 円 ÷3,830 個×100 個×0.5＝13,100 円

そうすると，完成品原価は次のようになります。

    完成品原料費

      ＝1,139,600 円 −57,000 円 −28,500 円＝1,054,100 円

    完成品の加工費

      ＝1,019,060 円 −36,680 円 −13,100 円＝969,280 円

　次に第 2 段階目の計算を行います。このとき，もう一度「仕損品はすべて当月着手分から発生したと考えます」という条件を使うことになります。

　定点発生の仕損費の配分は，原料費（直接材料費）の数量を使用して行うことはすでに説明しました。仕損費 41,600 円（28,500 円＋13,100 円）を完成品と月末仕掛品とに配分する際，仕損費は完成品は当月着手からの完成品 3,500 個と月末仕掛品 200 個に配分します（図表 7-7）。なぜなら，仕損品は当月着手分から発生しているとみなしているからです。仕損品が当月着手分から発生していると考える以上，月初仕掛品からは仕損は発生しておらず，その結果，仕損費も負担させない，ということになります。配分計算は次のようになります。

    月末仕掛品が負担する仕損費

      ＝41,600 円 ÷（3,500 個＋200 個）×200 個 ≒2,249 円

7.2　仕損費・減損費の処理に関する理論　　**135**

図表 7-7　定点発生の仕損費の負担

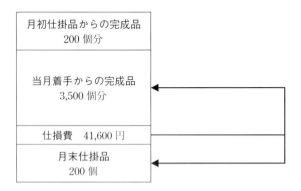

完成品が負担する仕損費
　　＝41,600 円÷(3,500 個＋200 個)×3,500 個≒39,351 円
　したがって，完成品総合原価および月末仕掛品原価は以下のように計算されます。
　完成品総合原価＝完成品直接材料費＋完成品加工費＋仕損費
　　　　　　　　＝1,054,100 円＋969,280 円＋39,351 円
　　　　　　　　＝2,062,731 円
　月末仕掛品原価＝月末仕掛品直接材料費＋月末仕掛品加工費＋減損費
　　　　　　　　＝57,000 円＋36,680 円＋2,249 円＝95,929 円
　さて，以上のような計算を通じて，おかしなことに気が付かれた方も多いと思います。何がおかしいのでしょうか。計算条件となっている，「仕損品が当月着手分から発生している」という点は，月初仕掛品が工程の 30％点にあり，仕損の発生点が工程の 50％点にあることを考えると，明らかにおかしいと思われます。月初仕掛品からも仕損は発生しうる状況にあるからです。
　これを回避するためには，いわゆる純粋先入先出法の考え方を導入して，仕損を月初仕掛品からの発生分と当月着手分からの発生分に分ければよいのです。

図表 7-8　純粋先入先出法

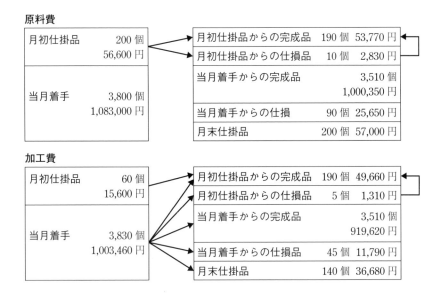

　計算例5で，仕損品100個のうち，10個が月初仕掛品から発生したことが判明したことにします。計算が複雑になりますから，原料費と加工費に分けて図解しながら説明します[vi]。

　これまでの考え方と異なるのは，仕損品が月初仕掛品と当月着手品の両方から発生している点だけです。図表7-8を見てください。月初仕掛品の200個から10個仕損品が生じていることがわかります。ただ，月初仕掛品200個はすべて作業が完了するか仕損品となっていて，月末に仕掛品として残っているものはありません（作業の流れからしても先入先出法の考え方からしても当然です）。したがって，月初仕掛品からの仕損品の原料費2,830円はすべて月初仕掛品からの完成品が負担しますので，図では便宜上分けてありますが，本質的に区分する必要はありません。

　他方，加工費については，少し複雑です。なぜなら，原料は工程の始点投

[vi] 詳細は，清水（2011, pp.96-98）を参照のこと。

入であるため，月初仕掛品に全量が投入されていますが，月初仕掛品の加工は当月に追加投入があるからです。月初仕掛品からの完成品は190個，月初仕掛品からの仕損品は5個（10個×0.5）ですが，月初仕掛品の加工費の完成品換算量は60個なので，差分は当月投入分から持ってこなければなりません。図表7-8では，便宜上月初仕掛品からの完成品原価は，月初仕掛品加工費15,600円＋当月加工費（130個分）34,060円で，月初仕掛品からの完成品原価はすべて当月加工費分で計算しましたが，先述のように，月初仕掛品からの仕損費はすべて月初仕掛品からの完成品が負担するので，とくに問題はありません。

当月着手からの仕損費37,440円（25,650円＋11,790円）は，当月着手からの完成品と月末仕掛品に配分されます。

月末仕掛品が負担する仕損費

＝37,440円÷（3,510個＋200個）×200個≒2,018円

完成品が負担する仕損費

＝37,440円÷（3,510個＋200個）×3,510個≒35,422円

完成品原料費＝（53,770円＋2,830円）＋1,000,350円＋35,422円

＝1,092,372円

完成品加工費＝（49,660円＋1,310円）＋919,620円＋2,018円

＝972,608円

月末仕掛品原価＝月末仕掛品直接材料費＋月末仕掛品加工費＋減損費

＝57,000円＋36,680円＋2,018円＝95,698円

〈②減損工程平均発生＋先入先出法〉

このパターンは，理論的にはもっとも問題を抱える方法です。まず，仕損定点発生と同じように，「減損が当月着手分から発生している」という前提を設けている計算問題をしばしば見ますが，これは，減損が工程平均発生をしている以上月末仕掛品がどこにあっても減損費を負担しなければならないことから考えると，前提条件自体に意味がないことになります。また，通説の考え方では，「減損が当月着手分からしか発生していない」にもかかわら

ず，減損費を月初仕掛品からの完成品にも負担させてしまうという支離滅裂な状況が生じます。前提もおかしいし計算結果もおかしいということで，減損が工程平均発生している場合（あるいは仕損が工程平均発生していて，発生と同時にラインオフされている場合）には，先入先出法を使用してはいけないと思われます[vii]。

　なお，これも純粋先入先出法的な考え方をすれば，これらの問題は解決できます。たとえば，次のような計算例を考えてみましょう。

計算例6

　ある工程では原料を投入後，加熱攪拌する作業を行っています。このとき，工程全体を通じて10％の原料の蒸発が工程を通じて完全に平均的に発生していることがわかっています。当月の数量および原価については以下の通りでした。

	数　量		原 料 費	加 工 費
月初仕掛品	190kg	（50％）	38,000 円	22,610 円
当 月 着 手	3,300kg		726,000 円	1,003,460 円
小　　　計	3,490kg		764,000 円	1,019,060 円
減　　　損	334kg	（平均発生）		
月末仕掛品	276kg	（80％）		
（差引）完成品	2,880kg			

（　）内は加工進捗度および減損発生点

　まず，減損がどのように起こっているのかを考えます。これは，投入数量と加工進捗度によって推定していきます。

・月初仕掛品

　月初仕掛品は，先月50％の加工が終了しています。このため，投入された原料は0.95になっていることがわかります（100％の加工で10％の減損が

---

vii　このような状況で月初仕掛品からの完成品には一切工程平均発生の減損費を負担させない方法もあります（清水，2011，pp.110-111）。しかし，こうした方法であっても，やはり前提条件がおかしいことに間違いはありません。

生じ，歩留が 0.9 となるから）。このため，最後まで加工すれば現在 0.95 である数量が 0.9 にまで減少していきます。

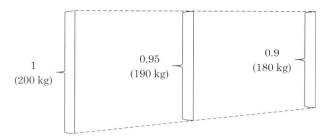

したがって，月初仕掛品は当月中の加工で 10kg の減損が生じることになります。

・当月着手からの完成品

完成品は 2,880kg ありますが，このうち 180kg は上で説明したように月初仕掛品からの完成品です。したがって，2,700kg は当月着手品からの完成品です。投入に対して 10％の減損が生じていますので，投入は 3,000kg あったことがわかります。したがって，減損は 300kg です。

・月末仕掛品

月末仕掛品は当月着手から発生していて，進捗度が 80％です。このため，投入した原料は 0.92 になっています。したがって，投入は 300kg あったことがわかります。

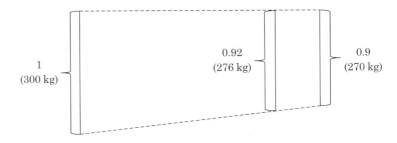

以上から，原料費と加工費に分けて計算を行ってみますが，それは，図表7-9に示されています。考え方としては，図表7-8とほとんど同じです。

原料費については，月初仕掛品は190kgありますが，このうち10kgは工程の終点までに蒸発します。このため，月初仕掛品原料費38,000円は，そこからの完成品と減損に配分されます。しかし，この減損は，月初仕掛品から発生したものであり，ここからの月末仕掛品は存在しないので，減損費はすべて完成品負担ということになります。

なお，当月着手からの減損324kgのうち，300kgは当月着手した原料が完

図表7-9 工程平均発生の減損

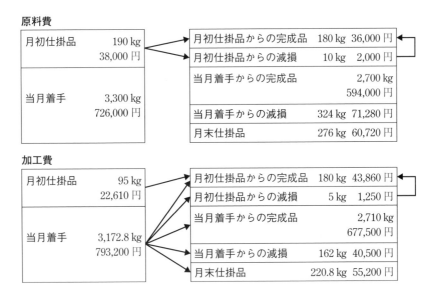

7.2 仕損費・減損費の処理に関する理論　　141

成品になる際，また，24kg は当月着手した原料が月末仕掛品になる際に生じたものです。したがって，それぞれの数量を用いて，減損費を配分します。

当月着手からの完成品が負担する減損費

= 71,280 円 ÷324kg×300kg = 66,000 円

当月着手からの月末仕掛品が負担する減損費

= 71,280 円 ÷324kg×24kg = 5,280 円

他方，加工費については，月初仕掛品 95kg 分の加工費がかかっていて，最終的には追加加工で 180kg 分が完成，10kg が減損しますので，その進捗度を 50％として 5kg と考えます。当月着手分から完成品 85kg 分（180kg − 95kg）と減損分を計算しますが，減損費はすべて月初仕掛品が負担するのは原料費と同様です。

当月着手から発生している減損は 162kg 分（324kg×0.5）で，完成品の加工から生じた分が 150kg（300kg×0.5），月末仕掛品の加工から生じた分が 12kg 分（24kg×0.5）として配分することになります。

当月着手からの完成品が負担する減損費

= 40,500 円 ÷162kg×150kg = 37,500 円

当月着手からの月末仕掛品が負担する減損費

= 40,500 円 ÷162kg×12kg = 3,000 円

定点発生の仕損を配分するときには，原料（直接材料）の数量をベースに配分しましたが，工程平均発生の減損は，減損がどこから発生しているかを明確に認識することができるので，原料費と加工費の別に配分しても問題はないのです。

7.3 　仕損費・減損費の処理に関する実務

ここまでは仕損や減損がある一点（あるいは工程で平均に発生する）状態について考察してきました。しかし，仕損や減損は一点で発生・認識される

とは限らず，複数点，つまり工程の中頃と終点に検査点が置かれて発見されることもあります。このような場合には，前の検査点で発生している仕損・減損の原価を，後ろの検査点で発生している仕損・減損に負担させるかどうかを考えなくてはなりません。この点については，ふたつの考え方がありますので，以下で説明していきます。

①前の検査点で認識されている仕損費・減損費は良品のみに負担させる

仕損や減損は，正常なものである限り，良品（完成品と月末仕掛品）の生産のために不可避的に発生します。だからこそ，良品に負担させるのです。したがって，これらの仕損費・減損費は，不良品や減耗である仕損品や減損には負担させないと考えます。

②検査点通過後のすべての良品に負担させる

これは，①の発展形です。図表7-10の第1検査点で仕損Aが認識されると，これらは生産ラインからはずされます。この段階で検査に合格したものはすべてこの時点での良品です。これらが原材料の投入や加工を受けて工程の終点の第2検査点に来た時に新たに仕損Bが発見されます。したがって，工程終点で発見されている仕損Bは，前の検査点では良品として認識されているものなので，仕損費Aを負担することになります。

ここまで，かなり細かく仕損費・減損費の処理について述べてきました。しかし，残念ながら，実務において，このような理論的な処理が行われることはそう多くはありません。それは，仕損・減損の発生の状況と月末仕掛品の存在状況が，ここまでに説明してきた状況よりもはるかに複雑なケースが多いからです。

図表7-10　検査点が複数ある場合の仕損費の負担

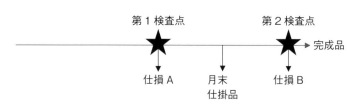

7.3　仕損費・減損費の処理に関する実務　　**143**

理論では，仕損・減損は一点あるいは二点あるいは工程を通じて平均的に発生しており，月末仕掛品は一点にある，という前提で計算が行われています。しかし，第6章で述べたように，月末仕掛品は工程の一点にあるという場合は少数派で，工程のあちこちにあるか，あるいは仕掛品はない，という状況にあります。また，次に述べるように，仕損・減損の発生点も複数個所ある場合があります。

　もちろん，理論が示しているような状況が現実に起こっている場合には，理論が示すような計算を行うことが，生産の状況を原価計算に正確に写像するためには重要です。しかし，そうでないとするなら，仕損費・減損費はどのように処理すればよいのでしょうか。以下で，調査結果からこの答えを考えていきたいと思います。

7.3.1　仕損・減損の発生状況

　仕損・減損がどの程度発生しているのかについて，もっとも大量に発生する工程ともっとも少量の発生工程とに分けて質問した結果が図表7-11と図表7-12に示してあります。

　もっとも大量に仕損・減損が発生する工程では，最頻値は0%超5%未満で48.9%となっていますが，10%以上であるとする企業も20.5%あり，相当

図表7-11　仕損・減損の発生状況：もっとも大量に発生する工程

	全企業		素材系企業		組立型企業	
	社数	割合（%）	社数	割合（%）	社数	割合（%）
0%	6	4.3	0	0.0	5	8.6
0%超5%未満	69	48.9	39	52.0	27	46.6
5%以上10%未満	19	13.5	12	16.0	6	10.3
10%以上20%未満	15	10.6	10	13.3	5	8.6
20%以上	14	9.9	8	10.7	6	10.3
無回答	18	12.8	6	8.0	9	15.5
回答企業数	141		75		58	

出典：清水（2014，p.127）に加筆

図表 7-12　仕損・減損の発生状況：もっとも少量に発生する工程

	全企業		素材系企業		組立型企業	
	社数	割合（%）	社数	割合（%）	社数	割合（%）
0%	45	31.9	20	26.7	21	36.2
0%超5%未満	73	51.8	45	60.0	27	46.6
5%以上10%未満	3	2.1	3	4.0	0	0.0
10%以上20%未満	0	0.0	0	0.0	0	0.0
20%以上	1	0.7	0	0.0	1	1.7
無回答	19	13.5	6	8.0	9	15.5
回答企業数	141		75		58	

出典：清水（2014, p.128）に加筆

の仕損・減損が発生していることがわかります。このようなケースでは，理論が示しているように，完成品と仕掛品の両方に仕損費・減損費を負担させるのが正しい原価計算といえます。たとえば，もっとも少量に発生する場合でも20%以上の仕損・減損が生じると答えている企業は，こうした原価計算を行う必要があります。

　他方，もっとも少量に仕損・減損が発生している工程では，5%未満の企業が83.7%となっています。こうした少量の仕損・減損しか発生しない工程で，仕損費・減損費の詳細な配分計算をすることには，あまり意味があるとは思えません。さらに言えば，工程の中にある仕掛品の数が少なければ，算定された仕損費・減損費の大部分は完成品が負担することになります。

　たとえば，流れ作業を行っていて，作業中心点が5個，タクトタイムが5分のラインを考えます。ベルトコンベアのラインになっているため，仕掛品は常に5個です。1か月に20日，1日当たり16時間の操業を行うと，1か月の生産数量は3,840個（60分/5分×16時間×20日）となります。これに対して仕掛品は各作業中心点に1個ずつで，合計5個です。仕損費・減損費を3,840個と5個に配分する意味がきわめて小さいことがわかるでしょう。

　だからといって，理論が示している計算を否定しているわけではありませ

7.3　仕損費・減損費の処理に関する実務　　**145**

ん。仕損費・減損費を金額で認識することの重要性については前述した通り
ですし，仕損・減損がそれなりに発生して（どんなに注意して生産してもそ
れなりの仕損が発生する業界はあります）仕掛品数量もそれなりにある場合
には，仕損費・減損費の完成品と月末仕掛品への配分も意味があります。た
だ，実際にはそうした計算に重要な意味がない場合も多くあるということな
のです。

7.3.2　仕損・減損の処理方法

(1) 仕損品の把握方法

　次に，仕損品の把握方法について見てみましょう。図表 7-13 を見てくだ
さい。検査点がある場合にはその検査点で発見することになります。検査点
がいくつあるのかについては調査していませんが，機械作業において異なる
機械を通すなど，作業が大きく変わる場合に検査点を設けることが考えられ
ます。いずれにしても，工程の中にある検査点と，少なくとも工程の終点に
ある検査点で発見していることがわかります。

　他方で，作業しながら仕損が発生したことを随時認識する取り組みを

図表 7-13　仕損品の把握方法（複数回答あり）

	全企業		素材系企業		組立型企業	
	社数	割合 (%)	社数	割合 (%)	社数	割合 (%)
作業しながら随時発見している	71	50.4	33	44.0	34	58.6
各工程の中にある検査点と終点の検査点で発見する	69	48.9	39	52.0	26	44.8
各工程の終点で発見する	38	27.0	24	32.0	13	22.4
最終工程が終了した後の検査点で発見する	51	36.2	25	33.3	25	43.1
その他	9	6.4	6	8.0	3	5.2
無回答	1	0.7	0	0.0	0	0.0
回答企業数	141		75		58	

出典：清水（2014，p.128）に加筆

行っている企業も50%を超えています。組立型企業における組立工程では，外形的な仕損については発見後ただちに加工を終了することが，それ以降の直接材料費や加工費の投入を避けることができるため，製品が大きくなればなるほど（それだけ原価がかかっています）このような処理をすることが重要になります。こうした特性があるため，組立型企業においては作業しながら随時発見するケースが素材系企業よりも大きくなっていると思われます。

また，各工程のみならず，完成品の検査も36.2%の企業で行っており，不良品が市場に出回らないような工夫がなされています。

(2) 仕損品の処理方法

仕損品は，多くの計算問題では廃棄されることになっています。確かに，量産品の場合，不良品は前述のように大量に出ることは少なく，また，手直しをするコストに見合わないこともあります。このため，実務でも基本的に廃棄としている企業が2/3にのぼっています（図表7-14参照）。

ただし，石油あるいは化学工業などの素材系企業では，仕損とされたもの（厳密には仕損というよりは製品とならなかったもの）に何らかの処理を施して，原料として再利用したり完全品とすることが日常的に行われており，

図表7-14 仕損の処理方法（複数回答あり）

	全企業		素材系企業		組立型企業	
	社数	割合（%）	社数	割合（%）	社数	割合（%）
基本的に廃棄	94	66.7	38	50.7	52	89.7
再処理して原材料として再利用	42	29.8	31	41.3	8	13.8
そのままあるいは加工してB級品などとして販売	13	9.2	10	13.3	1	1.7
再作業（手直し）を行って完成品とする	24	17.0	16	21.3	7	12.1
無回答	1	0.7	0	0.0	0	0.0
回答企業数	141		75		58	

出典：清水（2014, p.128）に加筆

7.3 仕損費・減損費の処理に関する実務 **147**

それがふたつの区分の間での廃棄と再利用あるいは再作業の率に大きな差となって現れています。

仕損品を原材料として再利用する場合や販売する場合には，その評価額をどう処理するか考えなければなりません。理論的にこれを処理しようとすると，非度外視法を使用せざるをえません。つまり，いったん仕損費を計算して，そこから評価額を控除し，その残額を良品に負担させることができます。しかし，度外視法では，そもそも仕損費の認識をしないので，当月の直接材料費から控除するとか，完成品原価から控除するしかありません。

再作業を行う場合の原価計算は，実際上は非常に難しいものとなります。再作業のパターンには二通りあって，ひとつは，仕損を発見したその場所で手直しをしてしまうパターンと，もうひとつは手直し専用のラインに移して作業を行うパターンです。

仕損を発見した場所で手直しをするパターンは，そのために要した作業時間を把握することが困難になります。再作業時間は，通常の加工時間の中に含められて計算されていくからです。生産ラインの中で，正常な仕損が発生し，これを手直しするのも正常な原価であると考えれば，これでも問題はないと思われますが，再作業の時間そのものを短縮するためには，これを測定することが必要であるとも考えられます。ただ，こうした時間の測定そのものにはコストがかかりますので，日常的に測定するのではなく，年に1回とか2回とか，期間を決めて調査するのも悪くないと考えています。この場合には，手直しのための直接材料費や加工費が増加し，仕損の数量は減少していきます。このため，非度外視法を使用しても，仕損品の手直しのための原価が仕損費そのもののみに反映されることはなく，完成品や月末仕掛品に含まれていくという問題点は生じます。しかし，だからといって，手直しのためのコスト（仕損費）を詳細に把握するのは非合理的であり，実務的に行われることはあまりないといえましょう。

他方，手直しのラインが存在するときは，手直しに要した原価をきちんと測定することが可能になります。通常の注意を払っても相当数の仕損が生じ

148　第7章　総合原価計算の理論と実務（2）── 仕損・減損の処理について

る場合には，手直しのラインを準備することが，本ラインの生産効率を維持するためにも必要です。

(3) 仕損費・減損費の計算方法と処理方法

　最後に，仕損費・減損費の計算方法と処理方法の実務について見ておきましょう。まず，仕損費・減損費を実際原価で計算しているか，標準原価で計算しているかという点です。

　これまでの筆者の経験から，非度外視法を採用している企業がきわめて少ないことは確認していたので，度外視法または非度外視法のいずれかを採用しているかは質問していません。度外視法・非度外視法は，テキストには頻出する用語ですが，実務家との話し合いの中ではそうした用語は使われていませんでした。

　そこで，仕損費・減損費を実際原価か標準原価のいずれかで評価しているかを聞いた結果が**図表 7-15** です。実際原価で計算している 39 社と標準原価で計算している 48 社は，少なくとも仕損・減損の金額を認識しています。他方，53 社は，仕損費・減損費の認識をしていません。このことは，必ずしも仕損・減損の数量を認識しないということと同じではありません。数量認識はしていても，それを原価に反映させていない場合もあります。相対的に仕損費・減損費を認識している素材系企業が組立型企業よりも少ないのは，

図表 7-15　仕損費・減損費の計算方法（複数回答あり）

	全企業		素材系企業		組立型企業	
	社数	割合 (%)	社数	割合 (%)	社数	割合 (%)
実際原価で計算している	39	27.7	17	22.7	22	37.9
標準原価で計算している	48	34.0	24	32.0	21	36.2
とくに仕損費・減損費は計算していない	53	37.6	32	42.7	17	29.3
無回答	4	2.8	2	1.3	1	1.7
回答企業数	141		75		58	

出典：清水（2014，p.131）に加筆

7.3　仕損費・減損費の処理に関する実務　　**149**

図表 7-16　仕損費・減損費の計算上の処理

	全企業		素材系企業		組立型企業	
	社数	割合（%）	社数	割合（%）	社数	割合（%）
常に完成品のみに負担させる	53	37.6	30	40.0	21	36.2
常に完成品と月末仕掛品に負担させる	66	46.8	32	42.7	31	53.4
仕損・減損の発生点によって前二者のいずれかに決める	17	12.1	9	12.0	6	10.3
無回答	5	3.5	4	5.3	0	0.0
回答企業数	141		75		58	

出典：清水（2014, p.130）に加筆

素材系企業で発生するのは減損の場合も多く，目に見える形で発生する仕損費への原価の割り付けのようなことができないという点が影響していると考えられます。

　それでは，認識している仕損費・減損費は，どのように処理されていくのでしょうか。図表7-16にその結果を示しています。

　この結果も非常に興味深いものです。仕損費・減損費は常に完成品に負担させるか，あるいは常に完成品と月末仕掛品に負担させるかを決めている企業がきわめて多く，理論が示しているように，仕損・減損の発生点と月末仕掛品の進捗度によって，どちらになるかを決めるとしている企業はわずか12.1%しかありません。その理由について考察してみます。

　まず，製造工程によって原価計算の方針が決められることがあります。ライン上の複数の作業中心点に仕掛品が存在し，工程の途中で仕損を発見しているような場合には，常に仕損費は月末仕掛品も負担すべきです。他方，工程の終点に検査点があれば，常に仕損費は完成品のみが負担すればよいことになります。

　第二に，工程終点に検査点がある場合以外では，仕損・減損の発生点と月末仕掛品の進捗度を比較し，そのコストを計算した上で両者負担にするか完成品負担にするかを決定するのは，きわめて手間がかかります。また，仕掛

150　第7章　総合原価計算の理論と実務（2）── 仕損・減損の処理について

品は一点にあるとは限らず，工程の数か所にあることも繰り返し指摘してき
ました。こうした場合には，負担割合はともかく，完成品と月末仕掛品が何
らかの決め事にしたがって負担することにしておかないと，原価計算の収拾
がつかなくなります。

　「常に完成品に負担させる」という実務は，完成品に対して月末仕掛品の
数量がきわめて小さければ，月末仕掛品の重要性が低いため，完成品のみに
負担させても，原価計算には大きな影響が生じません。「常に完成品と月末
仕掛品に負担させる」という実務も，どの検査点で仕損・減損が認識されて
いても，その発生は検査点前の様々な点で発生していると考えれば，完成品
と月末仕掛品が負担すると考えてもよいでしょう（もちろん，負担のさせ方
には様々なものがありますが）。

まとめ

　以上のように，仕損・減損が生じる場合の原価計算は，理論ではきわ
めて細かな計算をすることが示されているのですが，実務ではあまり詳
細な計算をしていません。それは，理論が現実をとらえていないのでも，
実務が理論を学んでいないのでもありません。現実は，理論が想定して
いる状況よりもはるかに複雑であること，理論的な原価計算方法を突き
詰めていくことが，企業にとっては負担となることが主たる要因です。

　また，企業は，日々仕損費・減損費を減少させようと努力しています。
このため，仕損・減損の数量を測定したり，それらのコストを計算する
ことには意義を見出しています。しかし，それを完成品と月末仕掛品に
どのように負担させるのかについては消極的です。なぜならその計算か
らは，企業は何の利益も生み出さないからです。もちろん，ここまでに
述べてきた通り，仕損・減損の数量が多く，月末仕掛品の数量も相対的
に大きければ，仕損費・減損費を完成品と月末仕掛品にどのように負担
させるかは，大きな問題となります。しかし，今日のように在庫を減ら
し，仕損や減損も極力減らそうとしていれば，この計算の意味が小さく

まとめ　**151**

なることは理解できるでしょう。工場の現状を十分に判断し，理論通りのやり方をするのか，そこから少しずつグレードダウンしたやり方で十分であるとするのかを判断しなければならないのです。

《参考文献》

Matz, A., O.J. Curry, and G.W. Frank (1967) *Cost Accounting*, 4th edition, Cincinnati: OH, South-Western Publishing Company

清水孝（2011）『上級原価計算』第3版，中央経済社

清水孝（2014）『現場で使える原価計算』中央経済社

第8章

組別総合原価計算・等級別総合
原価計算・連産品の原価計算

本章の論点

　本章では，総合原価計算における組別総合原価計算・等級別総合原価
計算・連産品の原価計算に関する理論とこれらに付随して発生する場合
のある副産物の計算方法を確認します。これら3つの原価計算は，理論
では明確に区分されているのですが，実務ではその境界（とくに前二
者）があいまいとなっている点について，その状況と理由を説明します。

8.1　問題の所在と背景

8.1.1　総合原価計算における原価計算の形態 ────────

　第6章および第7章では，市場予測に基づく量産をする場合に適用される
総合原価計算のうち，一種類の製品が生産される場合のみを取り上げてきま
した。しかし，一つの工場で一種類の製品しか生産していないということは，
一般的ではありません。

　複数の製品を量産する場合には，その製品の特質によって，**組別総合原価
計算**，**等級別総合原価計算**および**連産品の原価計算**のいずれかが適用されま
す。なお，近年では予測に基づく市場生産であっても，ある一定のロットを
生産していったん終了し，生産した製品がすべて販売された後に，再び製造

153

図表 8-1　原価計算方法と製品の特徴

	製品の生産分離性	個々の作業時間の認識	等価係数の認識
組別総合原価計算	○	○	×
等級別総合原価計算	○	△	○
連産品の原価計算	×	×	○

指図書を発行して一定のロットを生産するといった生産形態も多く，このような場合には，**ロット別個別原価計算**が採用されます。ロット別個別原価計算は，あくまでも製造指図書に対して原価が集計されていくので，指図書に指定されている生産数量の生産が完了して原価計算も終了します。

　組別総合原価計算，等級別総合原価計算および連産品の原価計算では，原価計算の対象となる製品が異なる特徴を有しています（**図表 8-1**）。

8.1.2　組製品と等級製品

　組別総合原価計算が適用される場合，生産される複数の製品（**組製品**と呼びます）は，仕様そのものや使用される部品などが異なり，異なる製品番号が付されているものを指します。これらは，生産計画の際にも異なる生産数量が計画されて，生産されることになります。

　等級別総合原価計算が適用される場合も，生産される複数の製品（**等級製品**と呼びます）は，組製品と同様，個別の製品番号が付される別の製品として認識されます。等級製品は，複数の製品について「その製品を形状，大きさ，品位等によって等級に区別する」（『基準』22）ことができる場合に用いられる用語です。これは，たとえばプラスチック製品のように，原料は同じであって，金型が異なる場合に生産される製品は，原料および生産プロセスが同一であるけれども，生産される製品については異なる製品になる場合があります。さらに言えば，これらの異種製品は，組製品として認識することもでき，組別総合原価計算を使用することも可能ではあるけれども，それぞれの製品に対する原料の投入量や加工作業の投入時間などについて，一定の

154　第 8 章　組別総合原価計算・等級別総合原価計算・連産品の原価計算

関係が認められるので，等価係数を使用することによって，組別総合原価計算よりも若干簡略な原価計算を行うことを意味しています。

ここで，**等価係数**とは，各製品の原価を配分するための基礎（たとえばA等級品とB等級品に原料費を1：2に分けるなど）となるもので，その決定方法には二通りがあると考えられます（『基準』22(1)および(2)）。

①各等級製品の重量，長さ，面積，純分度，熱量，硬度等原価の発生と関連ある製品の諸性質に基づいて決定する
②各等級製品の標準材料消費量，標準作業時間等各原価要素または原価要素群の発生と関連ある物量的数値等に基づいて決定する

①の方法は，製品の性質に基づいたもので，たとえば，大きさや重量などが明確に原価と結びついている場合に使用されますが，ケースとしてはそう多くはないと思われます。他方，②は標準原価計算を適用していれば使用できる方法ですので，比較的多く使用されているのではないかと思われます。

8.1.3 連産品

組製品および等級製品は，個別に数量を指定して生産することが可能です。たとえば，A製品を10,000個，B製品を8,000個などとすることも，B製品品の需要が落ちているので6,000個にするといった決定をすることが可能です。しかし，石油化学製品などでは，こうしたことができない場合もあります。

石油化学メーカーでは，原油を原料として常圧蒸留装置に投入すると，一定割合で石油ガス，ガソリン・ナフサ，ジェット燃料，灯油，軽油そして重油などが生産されます。原料は原油一種類，そして加工作業も装置において加熱するという同一でありながら，多種類の製品が一定割合で発生してしまうことになります。このことは，計画的に特定の製品のみの生産をしたり生産量を増加させることができないことを示しています。たとえば，上述の例で言えば，需要のあるナフサとガソリンはたくさん作るけれども，需要の小

8.1 問題の所在と背景　　**155**

さい重油は作らない，ということはできないわけです。原価計算の観点で言えば，どの種類の連産品にどれだけの原料費や加工費がかかっているのかもわからない（何しろ装置の中で原油が一瞬にして蒸発し，それが露点の違いで複数の連産品に分かれるわけですから）というのも連産品の特徴です。

連産品は同一原料，同一加工から生産される複数の製品であって，主副が明確に区別できないものと定義されています（『基準』29）。主副が明確に区分できれば，それは主産物と**副産物**に分類され，副産物の処理については『基準』28 で規定されています。石油化学工業の場合には，上述の製品は主産物（連産品）であり，アスファルトなどは副産物に分類される場合があります。

連産品は，一度の加工で複数の製品が同時に産出されるので，どの製品にどれだけの原料費あるいは加工費がかかっているかが測定できません。このため，連産品の正常市価等を基準として定めた等価係数に基づき，総合原価を各連産品に配分することしかできません。これは，通常の原価計算の例外であると考えるべきです。

8.1.4　原価計算の概要

組製品，等級製品および連産品の原価計算の概要は，**図表 8-2** のようになっています。

組別総合原価計算は，各組製品ごとに発生を認識できる組直接費と，共通的に発生する組間接費を分類し，組直接費は組製品に賦課，組間接費は配賦します。その後は，それぞれの組製品において単純総合原価計算を行うことになります。

等級別総合原価計算にはいくつかの方法がありますが，基本は，等価係数を使用して直接材料費および加工費を各等級品に配賦する手続になります。本来は，各等級品に投入された直接材料費は個別に認識すべきですが，等価係数を使用することで，簡便的な計算を行うことができます。もちろん，これは賦課した場合と計算結果が近似することが確認されているから認められ

156　第 8 章　組別総合原価計算・等級別総合原価計算・連産品の原価計算

図表 8-2　各原価計算の概要

	等価係数	配分計算
組別総合原価計算	原則として使用しない	組直接費は各組製品に賦課 組間接費は各組製品に配賦
等級別総合原価計算	各等級製品の重量，長さ，面積，純分度，熱量，硬度等原価の発生と関連ある製品の諸性質に基づいて決定 標準材料消費量，標準作業時間等各原価要素または原価要素群の発生と関連ある物量的数値等に基づいて決定	直接材料費（原料費）および加工費の別に等価係数を設定して各等級製品に配賦
連産品の原価計算	正常市価等を基準として決定	完成品総合原価を等価係数を用いて連産品に配賦

るのです。

　連産品は，基本的には個々の連産品にいくら原価がかかっているかはわからない状況にあります。しかしながら，個々の連産品の売上原価を算定したり，期末の製品・仕掛品などの棚卸資産の評価を行うために，正常市価を使用して原価計算を行います。その理論的な詳細は第2節で説明します。

　本章では，組別総合原価計算における組間接費の配賦および等級別総合原価計算・連産品の原価計算で使用される等価係数に関する理論と実務について説明します。また，この3つの原価計算の実務上の区別についても示していきます。

8.2　組別総合原価計算・等級別総合原価計算・連産品の原価計算の理論

8.2.1　組別総合原価計算の理論

　組別総合原価計算では，まず原価を**組直接費**と**組間接費**に分類します[i]（次頁）（図表8-3参照）。組直接費は，個々の組製品に対してどれだけ消費された

8.2　組別総合原価計算・等級別総合原価計算・連産品の原価計算の理論　　**157**

図表 8-3　組直接費と組間接費

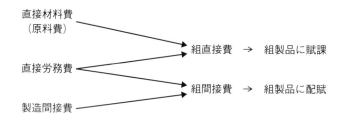

かが明確にわかる原価であり，組間接費はそれが合理的に測定できないか測定が不可能な原価です。直接材料費は，原材料が何に対して払い出されるかは材料払出票で確認できますので，組直接費であることに間違いはありません。他方，製造間接費は，そもそも特定製品の特定数量に対する消費が認識できていない原価ですので，組間接費となります。問題は，直接労務費です。

　複数の製品が生産されているとき，それぞれの製品に対する作業時間が測定されていれば，直接労務費は組直接費となります。本来，直接労務費は，製造直接費なので組直接費の特徴を有しています。しかし，ライン上でロット流し（A 製品を 100 個流した後に B 製品を 100 個流すというような方法）ではなく一個流し（複数種類の製品がばらばらに流れてくるような方法）をする場合には，それぞれの製品に対する作業時間を測定することができないか測定が不合理な場合もあります。このような場合には直接労務費は組間接費に分類されます。

　次のステップは，組間接費をどのように組製品に配賦するかです。多くのテキストには，各製品に投じられている直接作業時間や機械時間を配賦基準として組間接費を組製品に配賦すると書かれています。直接労務費を組直接費としている場合（すなわち，組間接費が製造間接費のみの場合）には，この方法は適切だと思われます。その理由は，個別原価計算において，製造間

---

i　組直接費・組間接費は理論では必ず使用される用語ですが，実務では単に直接費・間接費といったり，直接費・共通費ということもあります。

接費がこうした時間基準で配賦されることが適切であるとした理論と合致するからです。他方，直接労務費が組間接費となるような場合には，そもそも各組製品の直接作業時間が測定できていないから組間接費扱いしているわけで，理屈からすれば，この方法は採用できないはずです。個々の製品の直接作業時間は測定できていないけれども，機械時間は測定できていれば，機械時間を配賦基準として配賦することができますが，常識的に考えてそのようなケースはほとんどないと考えられます。そうすると，直接労務費と製造間接費（合わせて加工費）が組間接費となっている場合には，組別総合原価計算は採用しにくいものになることがわかります。これに対する解決策は，等級別総合原価計算を説明した後に検討することにしましょう。

8.2.2　等級別総合原価計算の理論

　等級別総合原価計算では，組別総合原価計算のように，製品ごとに直接費を認識するということはしません。等価係数を使用して，直接材料費および加工費を各等級品に配賦し，その後，等級品ごとに単純総合原価計算を行います。つまり，直接費という概念をはずしてしまっているのです。

　本来は，直接材料・原料は，直接材料費として，特定の製品の特定の数量を生産するのに，どの程度が消費されるのかが明確になっていなければなりません。組別総合原価計算では，少なくとも直接材料費は組直接費として認識されています。

　それでは，なぜ等級別総合原価計算では，直接材料費を「配賦」することが認められているのでしょうか。プラスチック部品を成型するメーカーを例にとって考えてみましょう。あるメーカーでは，3種類のプラスチックの部品を作っています。同じプラスチック原料を射出成型機から金型に射出して生産しています。この場合，3種類の製品の金型に射出する原料が，100g，200g，300g であれば，これらの製品の原料費は 1：2：3 になることが計算できます。もちろん，様々な理由から，完全に 1：2：3 にならない場合もあるでしょうが，製品が適切に生産されている限りは，このような推定が合理

的になるのです。また，副次的には，原料の払出をその都度製品ごとに記録しなくてもよい，という点も実務的にはメリットとして考えられます。

　実際には，等級別総合原価計算には3つの計算方法があり，ひとつは等級品を一括した完成品総合原価（直接材料費＋加工費）を計算し，これを一括した等価係数を使用して各等級品に配分する方法です。しかし，直接材料費と加工費を一括したときの等価係数を設定するのはきわめて困難です。このため，完成品直接材料費と完成品加工費の別に等価係数を使用して，各等級製品に配分する方法もあります。これは第二の方法につながります。

　第一の方法は，月末仕掛品が等級品別に区分されていなくても採用できる方法ですが，月末仕掛品が個別に存在している場合は，少し細かい計算をすることが望まれます。ここでは，アウトプット段階の数量に等価係数を乗じた積数で完成品および月末仕掛品を計算する方法を使用することが可能になります。

　他方，インプット段階，すなわち，直接材料費や加工費を投入数量（完成品換算量）に等価係数を乗じた積数を使用して各等級品に配分してしまうのが第三の方法です。計算例などは，拙著（清水（2014））を参照してください。

8.2.3　連産品の原価計算の理論

　ここまでの話とは異なり，連産品の原価計算はきわめて難しいものとなっています。難しいというよりは，合理的な計算ができないといってしまってもよいかもしれません。原価計算は，基本的には**価値移転的計算**です。つまり，製品あるいはサービスを生産する際，そのために消費された財（物品）や用役（サービス）の価値を生産された製品あるいはサービスに移転させていくという考えに基づいているのです。したがって，生産される製品がどれくらいの原価を消費しているのかを測定して割り付ける（**賦課**）か，論理的な推定をして割り付ける（**配賦**）ことになるのです。

　これに対して，先述したように石油化学工業では，原油という原料を蒸留

160　第8章　組別総合原価計算・等級別総合原価計算・連産品の原価計算

装置に投入すると一瞬にして気化し，それが再び液化するときの温度差で複数の製品が生産されます。このような状況の下では，各製品にどれだけの原料費や加工費が投入されたのかを測定することはもちろん，推定することも難しくなっていきます。

そこで，連産品の原価計算では，複数の製品の連結原価を**正常市価**を用いた等価係数を使用して，完成品総合原価を連産品に対して配分することになっています。ここで，正常市価とは，長期的な製品価格の平均に将来の趨勢を加味したものとなります。たとえば，A製品，B製品およびC製品の推定される価格がそれぞれ100円，200円，300円で，生産量が200kg，300kg，100kgであったとしましょう。また，この3製品を生産するための連結原価が88,000円であるとします。

この場合，各連産品の正常市価は次のようにそれぞれの単価と数量を乗じて計算されます。

A製品：100円×200kg＝20,000円

B製品：200円×300kg＝60,000円

C製品：300円×100kg＝30,000円

このとき，連結原価の88,000円は，正常市価を基準として各製品に配賦されますので，A製品には16,000円，B製品には48,000円，C製品には24,000円が割り当てられます。

この原価計算は果たして正しいのでしょうか。結論は正しいかもしれないし，正しくないかもしれないということです。一般的にはすべての製品の利益率（このケースでは20％）が同一になるのは少し奇妙に思えます。この計算は，先述の価値移転計算ではなく，価値回収計算という考え方に基づいています。つまり，投入された原価は，回収される価値（価格）に基づいて比例的に決定されるという考え方です。価値移転計算ができない場合に，例外的に使用されます。なお，分離段階で市場価値がなく，追加加工をして完成品となる場合は，追加加工後の完成品の正常市価から追加加工費を控除した金額をベースとして配賦することになります。

8.2　組別総合原価計算・等級別総合原価計算・連産品の原価計算の理論　　**161**

8.2.4 副産物の原価計算の理論

(1)『基準』における副産物の処理

　連産品は相互に主副を明確に区分できないものですが，主副が明確な場合には，主産物と副産物に分けられ，副産物については原価計算を行うことなく，その価額を主産物・副産物の結合原価から控除することになっています（『基準』28）。つまり，アウトプットされている産出物について，主・副の区別をしないで完成品総合原価を計算し，ここから**副産物の価額**（これが副産物の原価の近似値となります）を差し引いて，主産物の原価を推定するのです。

　主産物と副産物の結合原価から副産物の価額を控除すると，なぜ主産物の原価を推定することができるのでしょうか。これを説明するためには，副産物の価額について見ておく必要があります。これは**図表8-4**に示してあります（『基準』28）。

　売却する場合は，副産物の価額は見積購入価額（単価×数量）から追加加工がある場合には追加加工費，販売費および一般管理費，そして通常の利益の見積額（算定が困難な場合には省略）を控除して計算します。

　原価計算でしばしば目にするのは，その売価が製造原価＋販売費および一般管理費＋利益から成り立っているという式です。この式は，次のように書き換えることができます。

図表8-4　副産物の価額の計算

そのまま売却	見積売却価額－販売費および一般管理費 見積売却価額－販売費，一般管理費および通常の利益の見積額
加工の上売却	加工製品の見積売却価額－加工費，販売費および一般管理費 加工製品の見積売却価額 　－加工費，販売費，一般管理費および通常の利益の見積額
そのまま自家消費	自家消費によって節約される物品の見積購入価額
加工の上自家消費	自家消費によって節約される物品の見積購入価額から加工費の見積額を控除した額
軽微な副産物	副産物の売却収入は原価計算外の収益とすることができる

> 副産物の売価＝副産物の製造原価＋副産物の販管費＋副産物の利益
>
> ＝（主副分離されるまでの製造原価＋副産物の追加加工費）
>
> ＋副産物の販管費＋副産物の利益

ここから，主副が分離されるまでの製造原価は，次のように推定されます。

> 副産物の売価－副産物の追加加工費－副産物の販管費－副産物の利益

(2) 副産物が工程の始点（月末仕掛品の進捗度の前）で発生する場合

『基準』の考え方は，副産物が工程の終点で発生している場合には妥当ですが，工程の始点で発生するような場合には正しくありません。それはなぜでしょうか。

『基準』の考え方では，副産物の原価の推定値を完成品の結合原価から控除しています。工程の終点で副産物が発生する場合には，副産物は材料の投入も加工の投入も100％完了していますから，単に完成した主副産物の結合原価から控除するだけで問題はありません。したがって，月末仕掛品にもまったく影響を与えません。

しかし，工程の始点で発生する場合には，副産物は発生点で除去されており，したがって，その原価の推定額も除去された時点で当月の製造費用（投入額および投入数量ともに）から控除しておく必要があります。その結果，減額された副産物の価額は月末仕掛品にも反映されることになります。

8.3 組別総合原価計算・等級別総合原価計算・連産品の原価計算に関する実務

8.3.1 組別総合原価計算の実務

組別総合原価計算は，複数の製品数量を計画的に生産できる状況に適用さ

れ，個々の製品に対して賦課できる原価（一般的には直接材料費）を認識するものでした。複数の製品を計画的に生産する場合，直接労務費を製品に賦課するためには，個々の製品の生産時間を測定する必要があります。また，組間接費を配賦するためにも，一般的には作業時間を使用するため，それぞれの製品種類の生産時間（直接作業時間であれ機械時間であれ）を測定することは重要になります。

（1）組直接費の範囲

　まず，組直接費としてどのような費目を使用しているかを聞いた結果が**図表8-5**に示されています。総合原価計算を採用している企業104社の回答です。

　直接材料費は，原則として組製品に賦課することになっていますので，これはほぼ理論通りになっています。直接労務費はすべて組直接費，あるいは直接労務費の一部を組直接費をすると回答したのは全企業で75％を占めています。この傾向は素材系企業でも組立型企業でもほとんど変わりません。このことは，**図表8-6**にあるように，製品ごとに専用ラインがあったり，ロット流しをして製品ごとの生産時間を容易に測定できる方法が採用されていることと関係があると思われます。また，製品ごとに専用ラインがあれば，

図表8-5　組直接費の範囲（複数回答あり）

	全企業		素材系企業		組立型企業	
	社数	割合（%）	社数	割合（%）	社数	割合（%）
すべての直接材料費	95	91.3	52	94.5	40	88.9
直接材料費の一部	9	8.7	5	9.1	3	6.7
すべての直接労務費	66	63.5	36	65.5	28	62.2
直接労務費の一部	12	11.5	6	10.9	5	11.1
製造間接費の一部	41	39.4	23	41.8	17	37.8
無回答	1	1.0	0	0.0	1	2.2
回答企業数	104		55		45	

出典：清水（2014, p.151）に加筆

図表 8-6　製品の生産方法（複数回答あり）

	全企業		素材系企業		組立型企業	
	社数	割合（%）	社数	割合（%）	社数	割合（%）
製品ごとに個別ラインがある	37	35.6	20	36.4	15	33.3
ある製品を一定数量生産し，段取替を行って別の製品を一定数量生産する（ロット流し）	57	54.8	30	54.5	26	57.8
異なる製品をばらばらに流す（一個流し）	11	10.6	5	9.1	6	13.3
セル生産（一人屋台方式）	7	6.7	3	5.5	4	8.9
その他	5	4.8	3	5.5	1	2.2
無回答	1	1.0	0	0.0	1	2.2
回答企業数	104		55		45	

出典：清水（2014, p.150）に加筆

そのラインの設備の減価償却費などは組直接費とできることも考えられます。いずれにしても，組直接費の範囲はかなり広いと考えられます。

（2）生産方法と作業時間の測定

　個々の製品の作業時間を測定することを前提とすると，個別ラインやロット流しは問題がありません。実際にはこうしたラインを有している企業の割合は単純合計で90.4％あり，作業時間報告書の作成を考えれば大きな問題はないと考えられます。一個流しあるいはセル生産の割合は，若干組立型企業の方が多いとはいうものの，大きな差ではありませんでした。

　しかし，一個流しをしたりセル生産を行う場合には，個別の製品の作業時間を集計することはなかなか難しいといえるでしょう。物理的には難しくはないですが，合理的ではないといった方がよいかもしれません。工員が自らそれぞれの製品に対する作業時間を測定するのは作業効率が著しく悪くなりますし，工員一人ひとりに測定者をつけることもコストが多額にかかります。一個流しをする場合にも，あまりばらつきが出ないように，形式に違いがあるけれども，部品数の多いものと少ないものを組み合わせたりして，何台か

8.3　組別総合原価計算・等級別総合原価計算・連産品の原価計算に関する実務　　**165**

図表 8-7　組間接費の配賦基準（1）（複数回答あり）

	全企業		素材系企業		組立型企業	
	社数	割合（%）	社数	割合（%）	社数	割合（%）
実際直接作業時間	18	17.3	9	16.4	9	20.0
実際機械時間	2	1.9	1	1.8	1	2.2
実際直接作業時間と実際機械時間の併用	17	16.3	11	20.0	6	13.3
標準（予定）直接作業時間	18	17.3	5	9.1	11	24.4
標準（予定）機械時間	5	4.8	5	9.1	0	0.0
標準直接作業時間と標準機械時間の併用	17	16.3	9	16.4	8	17.8
その他	28	26.9	16	29.1	10	22.2
無回答	1	1.0	0	0.0	1	2.2
回答企業数	104		55		45	

出典：清水（2014, p.151）に加筆

の作業時間が一定となるようにする工夫もなされていますが，個々の製品の実際の作業時間は測定しにくくなります。数は少ないものの，自動車や電機メーカーでは一個流しをするラインも少なくなく，これらに対する原価の配分が問題になります。

　そこで，個々の製品に関する組間接費の配賦基準について聞いた結果が図表 8-7 です。

　まず，直接作業時間と機械時間では，全体では直接作業時間の方が多く採用されていることがわかります。このことは，第 3 章で示したように，作業時間報告書の作成が一般的であり，7 割近くの企業が個別の製品に対する時間の測定をしていることから，当然の結果であると考えられます。ただ，直接作業時間と機械時間の併用をしている企業もあり，生産プロセスが人的作業と機械作業との組み合わせである以上，原価配賦もその組み合わせを使用するということだと考えられます。素材系企業では，大規模設備・装置を使用して生産する企業も多くあるため，機械時間を使用する割合が若干多いと思われます。

非常に興味深い点は、実際時間ではなく標準（予定）時間を使用している企業が実際時間を使用している企業と同じくらいあるという点です。これは、たとえば一個流しやセル生産をしている場合には、実際時間の測定が難しいから、という理由が考えられます。これを確認するため、業種別に再計算してみたところ、電機メーカーでは、実際系2社に対して標準系10社となりました。しかし、自動車部品メーカーでは実際系7社、標準系7社となりましたが、完成品メーカーではいずれも標準系となっています。電機メーカーほど顕著な相違があった業界は他にはありませんでしたが、薬品、製鉄、機械、精密機械の各業種では実際系の方が多くなっています。

　結局は、実際系の時間を測定することの容易さが両者のどちらかを採用するかの分かれ目になっていると思われます。作業時間の測定方法については、図表8-8に示してあります。

　これまでの回答状況から、作業時間報告書から作成している企業や生産数量に標準時間を乗じて計算することが多いのは当然であることがわかります。今日では、RFID（非接触型のタグ）を貼り付けておいて、各作業中心点に受信機を備えておけば、ラインごとはもちろん、各作業中心点でどのくらい時間を要しているかも、手間をかけずに測定できるようになっています。現

図表8-8　組間接費の配賦基準（2）（複数回答あり）

	全企業		素材系企業		組立型企業	
	社数	割合（%）	社数	割合（%）	社数	割合（%）
作業時間報告書などから作成	39	37.5	21	38.2	18	40.0
非接触型のタグ（RFID）で自動集計	2	1.9	0	0.0	2	4.4
生産数量に製品1単位当たりの標準を乗じて計算	37	35.6	19	34.5	16	35.6
その他	27	26.0	16	29.1	9	20.0
無回答	1	1.0	0	0.0	1	2.2
回答企業数	104		55		45	

出典：清水（2014, p.152）に加筆

8.3　組別総合原価計算・等級別総合原価計算・連産品の原価計算に関する実務　　**167**

状では，RFID はカード，リーダーともに価格も下落しつつあり，原価の大きな製品には利用が容易になると考えられます。なお，回答にあった RFID 使用メーカーはいずれも自動車産業に属する企業でした。

8.3.2 等級別総合原価計算と連産品の原価計算の実務

他方，等級別総合原価計算では，組別総合原価計算と同様に複数の製品数量を計画できますが，個々の製品に対する直接費を認識せずに，等価係数を使用して各製品に配賦をする原価計算方法であり，等価係数を利用することで直接費の賦課額の近似値を合理的に算定できるものでした。等価係数をどう設定しているのかをまとめたものが図表8-9 です。

等級別総合原価計算を採用している企業は 11 社でしたが，組別総合原価計算などを採用している企業でも等価係数を使用していると回答している企業があったため，これらを含めた 19 社の数値となっています。等価係数は，等級製品ごとに原価を配賦するための基準なので，それぞれの原価の性質に基づいて設定されることが求められているはずです。したがって，少なくとも直接材料費と加工費に分けて設定されるべきです。

ここで 3 社が販売価格をベースに調整しているという回答に着目したいと思います。なぜなら，販売価格を基準として原価を配賦することは，価値移

図表 8-9　等価係数の決定方法（等級別総合原価計算）（複数回答あり）

	全企業		素材系企業		組立型企業	
	社数	割合（%）	社数	割合（%）	社数	割合（%）
直接材料費と加工費の区別をせずに一括して決定	5	26.3	3	23.1	2	33.3
直接材料費と加工費の別に決定	7	36.8	6	46.2	1	16.7
直接材料費，直接労務費および製造間接費の別に決定	5	26.3	3	23.1	2	33.3
販売価格をベースに調整	3	15.8	2	15.4	1	16.7
回答企業数	19		13		6	

出典：清水（2014，p.153）に加筆

図表 8-10　連産品で使用される等価係数（複数回答あり）

	全企業		素材系企業		組立型企業	
	社数	割合（%）	社数	割合（%）	社数	割合（%）
数量・重量・内容量・質量などの定量的要素	9	52.9	7	46.7	2	100.0
分離点における外部市場への売却価値（分離点における中間製品に外部市場がある）	4	23.5	4	26.7	0	0.0
分離点における外部市場への売却価値（分離製品の売却価値から後工程の追加加工費を控除）	3	17.6	3	20.0	0	0.0
その他	3	17.6	3	20.0	0	0.0
回答企業数	17		15		2	

出典：清水（2014, p.155）に加筆

転計算ではないからです。等級別総合原価計算では，あくまでも製品の生産
のために消費された財やサービスの消費量を，等価係数を使用して推定する
のです。販売価格を配賦基準とするということは，販売価格に比例して原価
がかかるということを示しており，そのような因果関係が認められることが
なくはないでしょうが，一般的には原材料や加工の投入数量とは関係がある
ことはそう多くはないと考えられます。

　このことは連産品の調査結果を見るとさらに明らかになります。**図表 8-10** には連産品の原価計算を行う際に利用される等価係数を示しています。
ここから明らかになることは，定量的要素を使用している場合がいわゆる正
常市価を使用している場合よりも多いということです。理論編で説明したよ
うに，そもそも連産品の原価計算は価値移転的計算ができない状況にある場
合の原価計算です。このため，数量や重量を配賦基準としても，正常市価を
配賦基準としても，消費された原材料や加工の価値を製品に移転させること
ができません。したがって，どちらで計算しても算定される原価の意味は大
きくは変わらないと考えられます。テキストなどでは正常市価を使用して連
産品に結合原価を配賦する場合が多く出てきますが，正常市価を測定するよ

8.3　組別総合原価計算・等級別総合原価計算・連産品の原価計算に関する実務　　**169**

りも単純に数量や重量で配賦してしまう方が手間をかけずに原価を計算することができます。とくに，連産品が分離されたのちに追加加工をする場合，暗黙の前提として追加加工から生じた利益が分離点の計算に反映されないことを考えると，こうした定量的な基準で配賦することも悪くはないと考えられます。

8.3.3 　組別総合原価計算と等級別総合原価計算の異同 —————

　理論的に考えれば，組別総合原価計算と等級別総合原価計算は大きく異なっています。組別総合原価計算では，組直接費は製品に賦課され，組間接費は配賦されます。等級別総合原価計算では，すべての原価が等価係数を使用して配賦されていきます。製造直接費であるべき直接材料費や直接労務費が賦課ではなく配賦されるのは，直接費についても等価係数を使用することで賦課に限りなく近い結果が出ることが予定されているからです。このためにも，等価係数は，それぞれの原価要素における消費数量や時間を適切に推定するものであることが求められるわけです。

　しかし，実際には両者の境目はあいまいであると言わざるを得ません。たとえば，組別総合原価計算では，直接労務費を組直接費とする場合には，各組製品に対して発生している実際直接作業時間を使用して，実際賃率に組製品の実際直接作業時間を乗じて，組製品の直接労務費を計算します。しかし，実際直接作業時間を使用しているとしている企業は，図表8-7にあるようにわずか17.3％しかありません。単純に考えれば，これら以外の企業は直接労務費を組間接費とせざるを得ないことになります。

　ところが，理論的には組間接費も各組製品に投下された直接作業時間や機械時間で配賦することになっています。特定の生産方法の下では組製品ごとの実際直接作業時間を測定することが不可能か合理的ではないわけですから，実際時間を配賦基準に使用することもできなくなります。この場合には，標準時間を使用して各組製品に配賦せざるを得なくなります。たとえば，A組製品の標準作業時間が1時間，生産数量が1,000個，B組製品の標準作業時

170　　第8章　組別総合原価計算・等級別総合原価計算・連産品の原価計算

間が 1.5 時間，生産数量が 2,000 個であれば，配賦基準総数は 4,000 時間（1
時間×1,000 個＋1.5 時間×2,000 個）となり，この値を使用して組間接費を
配賦することになるのです。これは，言い換えれば標準作業時間を等価係数
として配賦していることになります。

　これと同じことを直接材料費にも適用できます。多数の原材料を使用する
メーカーでは，個々の組製品に対して使用する部品を明確に測定することは
可能ですが，測定の手間がかかります。したがって，直接材料費あるいは原
料費についても，実際消費量を測定するのではなく，標準消費量を等価係数
として使用して配賦するのです。先の製品例で言えば，A 組製品の原料標準
消費数量が 5kg，B 組製品が 4kg であれば，配賦基準総数は 13,000kg
（5kg×1,000 個＋4kg×2,000 個）となり，原料費をこの値を使用して配賦す
るのです。つまり，標準消費数量を等価係数として等級別総合原価計算を使
用するということになります。標準消費数量は実際消費数量ではありません
ので，組別総合原価計算とはいいがたいのですが，標準を適用することで実
際直接材料費をあるべき消費数量の比で配賦することとなり，実際消費量が
標準消費量に近似する限り，実際消費量を用いることなく，賦課に近い形で
原価計算をすることができるようになるのです。

　実務ではこのような相違については厳密に区別がつけられているわけでは
なく，組製品に対して標準原価を用いて原価を配賦するようなケースもある
ようです。また，もともとプラスチックなどを使用する化学工業に適用の妥
当性が強い等級別総合原価計算ですが，自動車産業などの組立型産業でも使
用されている例もあります。

まとめ

　生産方法およびこれをサポートする IT システムは日々進化していま
す。生産に関する作業時間のデータもコストさえかけてやれば，自動で
測定できるようになってきています。とはいえ，自動車や電機・機械の
ような大きな製品であればともかく，単価の小さい製品に対してもこう

したコストをかけて原価計算をしなければならないかといえば、必ずしもそうではないでしょう。次章で述べるように、標準原価の信頼性に強く依存するとはいうものの、実際消費数量や実際作業時間の代理変数として標準消費数量や標準作業時間を使用できるのであれば、あえて組別総合原価計算において直接材料費・原料費を賦課するという点にこだわる必要性はないのではないかと思われます。

もちろん、理論的な観点から組別総合原価計算と等級別総合原価計算を区別することには意味があります。価値移転的計算という原価計算の特性を考えれば、直接的に価値移転を測定・認識することができる原価を賦課することは、原価計算の正確性を高めるためには不可欠だからです。しかし、ここまでに述べてきたように、生産の多様性を考えたときに、組立型産業では組別総合原価計算を採用しなければならないかといわれれば、必ずしもそうではないという答えを導くことができるのです。

ただし、標準原価を連産品の配分のための等価係数として使用することはできません。そもそも物理的にも原価計算的にも分離することが不可能な連産品に対する標準原価を設定することはできないからです。

《参考文献》

清水孝（2014）『現場で使える原価計算』中央経済社

第9章

標準原価計算

本章の論点

　本章では標準原価計算の理論と実務の異同について以下の論点を説明します。

① 原価標準の設定方法

② 標準原価の記帳方法

③ 原価差異の種類とそれぞれの計算方法

④ 原価差異の処理方法

9.1　問題の所在と背景

9.1.1　標準原価計算の意義

　第8章までは，実際原価計算の各種の形態を論じてきました。本章では，標準原価計算について理論と実務の相違を述べていきたいと思います。標準原価計算は，後で述べるようにいくつかの目的のために使用される原価計算方法で，実際原価計算と並んで多くの企業が採用している方法です。

　そもそも**標準原価計算**とは，「財貨の消費量を科学的，統計的調査に基づいて能率の尺度となるように予定し，かつ，予定価格又は正常価格をもって計算した」（『基準』4(1)2）原価で行われる原価計算です。ここでポイントと

なるのは，消費量です。実際原価は，実際消費量をもとに原価を計算しますが，標準原価は，1単位当たりの製品に対して，材料であれば投入すべき数量，作業であればかかるべき時間を，科学的・統計的に調査して能率の尺度となるように決定します。言ってみれば，実際原価は実際に製品の生産にかかった原価ですが，標準原価は，製品の生産にあるべき原価であるといえます。

なお，消費数量について，単に予定されたものとして設定されている原価（予定価格×予定数量）を予定原価と呼び，実務上これを標準原価と呼ぶこともあります。理論上は，標準原価はかなり厳密に定義されていますが，実務で使用されている標準原価は必ずしも数量が科学的・統計的調査に基づいて能率の尺度となるように設定されているわけではなく，もう少し緩い形で使用されています。

9.1.2　標準原価と原価標準

さて，標準原価計算の検討をする際に確認しておかなければならないのが，標準原価と原価標準です。この二つは，実務ではほとんど意識されていないようですが，理論では厳密に区別しなければなりません。

原価標準は，製品1単位当たりに設定された直接材料費，直接労務費および製造間接費の標準です。これが標準原価計算の基礎となります。他方，標準原価は，生産された一定数量当たりの標準です。つまり，原価標準に生産数量を乗じたものが標準原価で，期間標準原価という場合もあります。原価標準は，通常標準原価カードなどに記されて使用されています。

9.1.3　原価差異の問題

標準原価は，先述のようにあるべき原価であって，実際に発生した原価とは異なります。一定期間に投入された財や用役に関する標準原価合計と実際原価合計の差額は当然に異なります。両者の差額を原価差異といいます。この場合，棚卸資産である製品や仕掛品は実際原価と標準原価のどちらで評価

174　第9章　標準原価計算

されるのでしょうか。

　学界では、「真実の原価」論争があり、実際原価と標準原価のどちらが「真実の原価」かについて長い間議論されています。実際原価を真実の原価とする根拠は、たとえ生産のために消費された財貨や用役の中に、無駄や非効率を原因にするものがあったとしても、本当に消費されたものが真実の原価であるとする点にあります。他方、標準原価を真実の原価とする根拠は、生産の無駄や非効率を原因とする原価は、本来あるべきものではないため製品原価性を持たず、棚卸資産は標準原価で評価すべきと考えます。

　実際原価を真実の原価と考えれば、期中に標準原価計算を採用している場合であっても、期末には売上原価および棚卸資産は実際原価で評価しなければなりませんし、標準原価を真実の原価と考えれば、期中も期末もすべて標準原価で評価し、原価差異は製品原価ではなく、期間費用としてすべて当期の費用として処理することになります。

　『基準』の考え方は、原則として前者の立場をとっています。以下の理論編で説明するように、原価差異は原則として売上原価（すなわち製品原価）に賦課するか、一定の条件の下では売上原価と期末棚卸資産に配賦することになっています。

　理論では、直接材料費、直接労務費および製造間接費の別に、原価差異は細かく分析されることになっていますし、期末には上述のように原則として売上原価に賦課するよう『基準』は求めています。しかし、実務では必ずしも細かな分析はなされておらず、また、期末には原価差異は原則として売上原価と棚卸資産に配賦する企業も多くなっています。こうした違いはなぜ生じたのでしょうか。また、企業は実際にはどのような処理を行っているのでしょうか。以下でこれらについて詳しく見ていくことにします。

9.1　問題の所在と背景　　**175**

9.2 標準原価計算の理論

9.2.1 標準原価計算の目的

標準原価計算の目的として，『基準』は以下の4つをあげています（『基準』40）。

①原価管理目的
②財務諸表作成目的
③予算管理目的
④記帳の簡略化・迅速化目的

原価標準は，まさしく標準的に発生すべき原価なので，これと実際原価を比較することで**原価管理**，とくに**原価維持**を行うことに役立ちます。標準原価と実際原価の差額である原価差異は単なる金額ですが，これを計算することによって，実際原価を標準原価まで下げていくための引き金となる情報を提供します。

次に，標準原価は製品の生産のために「あるべき」原価なので，これを用いることによって棚卸資産（仕掛品および製品）および売上原価算定の「基礎」となります。棚卸資産および売上原価算定そのものでないのは，原価差異の調整を行うからです。

企業，とくにメーカーが製造費用予算を編成する際，原価標準が役に立ちます。また，原価標準によって売上原価および棚卸資産の金額を推定することができますので，見積貸借対照表と見積損益計算書の作成に役立ちます。これが予算管理目的です。

最後に，標準原価は，記帳の簡略化・迅速化に役立ちます。実際原価計算では，材料の価格や数量，作業の賃率や作業時間，製造間接費の配賦率などは月末を越えないと算定できない場合が多いのはすでに説明してきた通りです。材料については予定価格を設定しておけば，払出の都度直接材料費を計

176　第9章　標準原価計算

算することはできます。直接労務費や製造間接費についても，予定賃率や予定配賦率を算定しておけばよいのですが，総合原価計算の場合は月末に総作業時間および配賦率の算定基準の総数が確定しないと実際原価を計算することはできませんし，個別原価計算の場合も製造指図書が示す数量が完成しないと原価の集計はできないことになります。

原価標準は，製品1単位の標準となる原価なので，製品が完成した数量に原価標準を乗じることで，製品原価を計算することが可能になります。これが記帳の簡略化・迅速化につながります。

また，仕掛品勘定や製品勘定においては，実際原価計算の場合には月初分と当月分の金額が異なるのが普通なので，平均法あるいは先入先出法を使用して原価配分を行わなければなりませんが，標準原価計算では，単に原価標準に数量を乗じることで（仕掛品における加工費は加工進捗度を加味しますが）計算でき，これも記帳の簡略化・迅速化につながるのです。

理論的には，原価管理目的がもっとも重要な目的であり，財務諸表作成目的がそれに次ぐ目的であると考えられています。ただ，論者によっては，標準原価計算は原価管理の一部しか担わず，その主たる役割は原価企画や原価改善が持っているとして，標準原価計算の原価管理目的については疑問を持つことを指摘しています（たとえば小林，1993）。こうした論者は，原価管理目的ではなく，複雑化した生産を写像する原価計算の記帳をする場合，実際原価ではなく標準原価を用いた方が簡略かつ迅速に原価計算を行うことができるとして，標準原価計算の目的の重要性には変化があることを説いています。

9.2.2 原価標準の設定方法

直接材料費，直接労務費および製造間接費の標準に関して，『基準』41(1)から(3)までに示されているものを一覧したのが図表9-1です。

ここから明らかなことは，いわゆる「標準」は，製造直接費について設定されているという点です。というのも，標準原価は，製品生産のために消費

図表 9-1　原価標準の設定方法（『基準』41(1)〜(3)）

分　類	計算方法	内　容
標準直接材料費	直接材料の種類ごとに，製品単位当たりの標準消費量と標準価格とを定め，両者を乗じて算定する	標準消費量：生産に必要な各種素材，部品などについて科学的・統計的調査により製品単位当たりの標準消費量を定める。これには標準的に発生すると認められる減損・仕損を含める 標準価格：予定価格または正常価格とする
標準直接労務費	直接作業の区分ごとに製品単位当たりの直接作業の標準時間と標準賃率とを定め，両者を乗じて算定する	標準直接作業時間：作業研究，時間研究その他経営の実情に応ずる科学的・統計的調査により製品単位当たりの各区分作業の標準時間を定める。これには通常生ずると認められる程度の時間的余裕を含む 標準賃率：予定賃率または正常賃率とする
標準製造間接費	製造間接費の標準は，部門別に算定する。部門別製造間接費の標準は，一定期間において各部門に発生すべき製造間接費の予定額をいい，これを部門間接費予算として算定する	標準配賦率：固定予算あるいは公式法・実査法変動予算における基準操業度の予算を編成し，この予算額を基準操業度で除して計算する

される財貨あるいは用役（通常は人的労働サービスです）の消費量が，科学的・統計的調査に基づいて能率の尺度となるように決定されなければならないからです。製造直接費は，一定単位の製品に対する財や用役の消費量を直接的かつ合理的に認識できる原価ですので，標準消費量を決定することができます。しかし，製造間接費は，そもそも一定単位の製品との結びつきが直接に認識できないものなので，上記の定義に基づいた標準を設定することはできません。そこで，製造間接費については，製造間接費予算を用いて予定配賦率を計算し，これを標準配賦率として使用するにとどまっているのです。

　なお，標準価格については予定価格または正常価格を，標準賃率については予定賃率または正常賃率を使用することとなっています。予定価格の決定方法については『基準』では言及されていませんが，実務では多くの方法が

とられています。予定賃率については，理論では，予算編成段階で工場の稼働時間が設定され，これに基づいた就業時間（直接作業時間＋間接作業時間＋手待時間）が推定されて，両者から計算されることになっています。

これに対して正常概念は，中長期的な変動を平準化したものとされていて，多くの場合，景気循環サイクルにおける平均値を指すと考えられています。しかし，今日のように市場の変化が激しい状況では，こうした正常価格や正常賃率を使用するのは困難な場合が多いと考えられます。

さて，こうした原価標準は，原価管理，財務諸表作成あるいは予算編成に活用されるので，実態に即していなければなりません。したがって，「常にその適否を吟味し，機械設備，生産方式等生産の基本条件ならびに材料価格賃率等に重大な変化が生じた場合には，現状に即するようにこれを改訂」しなければなりません（『基準』42）。ただ，『基準』はどのような変化が「重大な変化」であるかについて言及していないので，企業が個々に判断することになります。実務上の取り扱いについては後に検討します。

9.2.3　標準原価計算の記帳方法

標準原価計算の記帳方法には3種類（シングル・プラン，パーシャル・プランおよび修正パーシャル・プラン）あり，それぞれの特徴については図表9-2にまとめてあります。

シングル・プランは仕掛品勘定の借方における当月投入分がすべて標準原価になっています。この結果，仕掛品勘定の借方・貸方はすべて標準原価で記帳されることになります。したがって，原価差異は仕掛品勘定以前に認識されていて，このような原価差異の認識タイミングを**インプット法**（原価財・用役が生産工程にインプットされる段階で計算される）といいます。シングル・プランは，原価財・用役の投入段階で標準消費量を認識しやすい受注生産（生産数量が最初から確定している）に向いているといわれています。

これに対して**パーシャル・プラン**は，仕掛品勘定の借方における当月投入分がすべて実際原価になっています。仕掛品勘定では，月初仕掛品，当月完

9.2　標準原価計算の理論　**179**

図表 9-2　標準原価計算の記帳方法

	仕掛品勘定の借方（当月投入）	原価差異の計算時期
シングル・プラン	標準価格×標準消費量 標準賃率×標準直接作業時間 標準配賦率×標準配賦基準値	原価差異は財や用役が投入される段階で計算（インプット法）
パーシャル・プラン	実際価格×実際消費量 実際賃率×実際直接作業時間 実際配賦率×実際配賦基準値	原価差異は一か月が終了してアウトプット（製品・仕掛品）数量が確定した段階で計算（アウトプット法）
修正パーシャル・プラン	標準価格×実際消費量 標準賃率×実際直接作業時間 標準配賦率×実際配賦基準値	価格差異・賃率差異・予算差異はインプット法，その他の差異はアウトプット法

成品および月末仕掛品はすべて標準原価となっていますので，アウトプットたる当月完成品および月末仕掛品の数量が確定してはじめて原価差異が計算されることになります。このため，こうした原価差異の計算方法は**アウトプット法**と呼ばれています。

　需要予測に基づく大量生産を行う場合には，生産数量が月末に確定するので，生産数量に対する標準消費量も月末にわかります。このため，シングル・プランは使用しにくいと考えられてきました。しかし，実際には大量生産の場合でも，日々の生産計画に基づいて生産が行われていますので，一日（あるいは午前・午後）の生産計画量に対する標準消費量を計算することも可能です。

　ところで，材料の消費価格や直接工の賃率については，予定価格や予定賃率を使用する場合が多いこともわかっています。標準価格あるいは標準賃率は，「標準」という名前はついていても，実質的には「予定」そのものですので，このような場合には価格差異や賃率差異は消費時点で計算されていて，仕掛品勘定に記入される時には直接材料費は標準価格×実際消費数量，直接労務費は標準賃率×実際直接作業時間となっています。このように，当月投入原価について，数量や時間に標準ファクターが使用されている方法を**修正パーシャル・プラン**と呼びます。

180　第9章　標準原価計算

9.2.4 原価差異の種類 ───────────────

理論上，原価差異にはきわめて多くの種類が存在しています。以下で，直接材料費，直接労務費および製造間接費の別に説明していきましょう。

(1) 直接材料費の原価差異

一般的なテキストには，図表9-3にあるような差異が掲載されています。価格差異と数量差異はもっとも代表的な直接材料費差異で，後に述べるように多くの企業が利用しています。化学メーカーなどで，複数の原料を混ぜ合わせる場合（そして，その時に蒸発や化学反応による減耗が生じることがあります），その配合割合は標準的に決められています。それは，その時の複数の原料の価格水準でもっとも合理的かつ減耗を最小限に抑えられる（歩留を高めるということです）合理的な配合割合となっています。しかし，実際には複数の原料のうちのひとつの価格が高騰するような場合には，配合割合

図表9-3　直接材料費の原価差異

価格差異	標準価格と実際価格の差によって計算される差異。原材料を購入した時点でこれを把握する受入価格差異と，消費した時点で把握する消費価格差異がある。 受入価格差異＝(標準価格－実際価格)×購入数量 消費価格差異＝(標準価格－実際価格)×消費数量
数量差異	標準消費量と実際消費量の差によって計算される差異。 数量差異＝標準価格×(標準消費量－実際消費量)
配合差異	複数種類の原料を配合する場合，標準配合量と実際配合量の差によって生じる差異。テキストなどでは歩留差異と同時に計算される場合が多い。投入されるすべての原料について計算される。 配合差異：標準価格×(実際投入総量における標準配合量－実際配合量)
歩留差異	原料を投入した場合，蒸発などによって生じる歩留について，標準歩留率と実際歩留率との差によって生じる差異。複数種類の原料を配合する場合に生じやすいため，配合差異と同時に計算される場合が多い。 歩留差異：標準価格×(標準投入数量－実際投入数量)
仕損差異	仕損について標準発生割合を設定している場合，実際発生割合と異なるために生じる差異。 仕損差異：標準価格×(標準仕損数量－実際仕損数量)

9.2　標準原価計算の理論　　**181**

を変更して，価格差異の影響を打ち消すようなことも行われます。こうした場合に，配合差異や歩留差異が計算されます。他方，組立型メーカーでは，仕損に関する割合について標準が設定されることがあり，これと実際の割合が異なる場合，仕損差異が計算されます。

(2) 直接労務費の原価差異

　一般的な直接労務費の原価差異が図表9-4に示されています。賃率差異と作業時間差異は，もっとも代表的な直接労務費の差異で，原価計算の基礎を学習された方は一度は学ばれていると思います。

　これに対して労働能率差異と労働歩留差異は少し独特な原価差異ですので，少し説明しておきたいと思います。たとえば，10kgの原料を2時間加工して8kgの製品を生産するとしましょう。この場合，標準作業時間は8kgの完成品に対して2時間と設定されます。なぜなら，標準原価は，すべて完成品をベースに考えられているからです。

図表9-4　直接労務費の原価差異

賃率差異	標準賃率と実際賃率の差によって計算される差異。 賃率差異：(標準賃率－実際賃率)×実際直接作業時間
作業時間差異	標準直接作業時間と実際直接作業時間の差によって計算される差異。 作業時間差異：標準賃率×(標準直接作業時間－実際直接作業時間)
労働能率差異	化学メーカーにおいて，原料に減耗が生ずる場合，投入された実際原料に対する標準作業時間と実際作業時間に差がある場合，これは純粋に作業能率の問題であるとして分離される。なお，組立型メーカーにおいて仕損がある場合にも応用できる。労働歩留差異と同時に計算される。 労働能率差異：標準賃率×(実際投入数量に対する標準作業時間－実際作業時間)
労働歩留差異	歩留が標準通りに発生しない場合，アウトプットに対する標準作業時間とインプットに対する標準作業時間が異なる。両者の差から生ずる原価差異。 労働歩留差異：標準賃率×(実際完成数量に対する標準作業時間－実際投入数量に対する標準作業時間)

182　第9章　標準原価計算

今，6,000kg の原料を投入して 4,600kg の完成品を 1,220 時間の作業で生産したとしましょう。この完成品に対する標準作業時間は 1,150 時間（4,600kg÷8kg×2 時間）となります。他方，投入した原料を基準として考えてみると，10kg の投入に対して 2 時間加工すると 8kg の完成品を得るということになります。標準では，80％の歩留が設定されていますが，実際には歩留は 76.67％（4,600kg÷6,000kg）となっていて，減耗した量が多かったことを表しています。しかし，減耗は作業者にとっては管理不能な場合も多いので，投入された 6,000kg を 10kg 当たり 2 時間で加工したと考えると，歩留は実際の 76.67％の下で考えた標準作業時間 1,200 時間（6,000kg÷10kg×2 時間）が計算できます。

　1,150 時間は作業能率も歩留も標準で考えた時間で，1,200 時間は作業能率は標準ですが，歩留は実際の値を使用しています。ちなみに 1,220 時間は作業能率も歩留も実際の値です。したがって，1,150 時間と 1,200 時間の差は歩留が悪かったことによって生じる余分な作業時間ということで，これをもとに労働歩留差異が計算され，1,200 時間と 1,220 時間の差は作業能率が悪かったことによって生じた余分な作業時間なので，これをもとに労働能率差異が計算できるのです。なお，これは仕損が生ずる場合にも同様に適用できます。

(3) 製造間接費の原価差異

　製造間接費の原価差異には，公式法変動予算を前提として考えると，基本的には 4 種類の計算方法があります。いわゆる 2 分法，3 分法（さらに 2 種類に分かれます），4 分法そして 5 分法です（**図表 9-5** 参照）。

　5 分法がもっとも詳細な分類方法です。固定費予算差異と変動費予算差異を合わせて予算差異とすれば，4 分法になります。3 分法は，(1) 能率差異を変動費のみで計算する方法と，(2) 変動費と固定費との合計とする方法となります。(1) と (2) では操業度差異の内容も異なってきます。さらに，予算差異と変動費能率差異を合計した管理可能差異と，固定費能率差異と操

9.2　標準原価計算の理論　　**183**

図表 9-5　製造間接費の原価差異

2分法	管理可能差異：標準操業度における製造間接費予算額−製造間接費実際発生額 管理不能差異：固定製造間接費標準配賦率×(標準操業度−基準操業度)
3分法 (1)	予算差異：実際操業度における製造間接費予算額−製造間接費実際発生額 能率差異：変動製造間接費標準配賦率×(標準操業度−実際操業度) 操業度差異：固定製造間接費標準配賦率×(標準操業度−基準操業度)
3分法 (2)	予算差異：実際操業度における製造間接費予算額−製造間接費実際発生額 能率差異：製造間接費標準配賦率×(標準操業度−実際操業度) 操業度差異：固定製造間接費標準配賦率×(実際操業度−基準操業度)
4分法	予算差異：実際操業度における製造間接費予算額−製造間接費実際発生額 変動費能率差異：変動製造間接費標準配賦率×(標準操業度−実際操業度) 固定費能率差異：固定製造間接費標準配賦率×(標準操業度−実際操業度) 操業度差異：固定製造間接費標準配賦率×(実際操業度−基準操業度)
5分法	変動費予算差異：実際操業度における製造変動間接費予算額−製造変動間接費実際発生額 固定費予算差異：製造固定間接費予算額−製造固定間接費実際発生額 変動費能率差異：変動製造間接費標準配賦率×(標準操業度−実際操業度) 固定費能率差異：固定製造間接費標準配賦率×(標準操業度−実際操業度) 操業度差異：固定製造間接費標準配賦率×(実際操業度−基準操業度)

業度差異を合計した管理不能差異とに分類します。それぞれの差異が持つ意味は異なりますので，細かく分類することがよいと考えられています。

9.2.5　原価差異の処理方法

　原価差異は，原価差異の勘定に集計されて期末に処理されます。その処理方法は，『基準』47によれば次のようになっています。

①数量差異，作業時間差異，能率差異などであって異常な状態に基づくと認められるものは，非原価項目とする。

②異常でない原価差異は，材料受入価格差異を除き，原則として当期の売上原価に賦課する。

③材料受入価格差異は，当年度の材料の払出高と期末在高に配賦する。

④予定価格等が不適当なため，比較的多額の原価差異が生ずる場合，原価差異は当年度の売上原価と期末における棚卸資産に配賦する。

184　第9章　標準原価計算

原価差異が異常なものについては，原価外で処理をされます。『基準』47に示されている例は数量差異，作業時間差異および能率差異などとなっていますが，異常な状態によって発生したものは非原価項目とされます。価格差異や賃率差異については，外部市場の変化によって生じるため，異常な状態とは定義しがたいこともあります。このため，これらの差異を列挙しなかったと考えられます。

　次に，材料受入価格差異は，当年度の払出高と期末在高に配賦され，前者はいわゆる材料消費価格差異となり，後者は棚卸資産原価として繰り越されます。材料消費価格差異を含めた原価差異は，原則として当期の売上原価に賦課することとなっています。

　先述の通り，本来は実際原価がまさしく「実際の原価」として売上原価および棚卸資産原価を構成するので，原価差異は両者に対して配賦されるべきであると考えられます。これについて，岡本（2000, pp.472-473）は，標準が正しく設定されている限り通常は多額の原価差異は生じないこと，当期の不能率などを原因として発生した原価差異は当期の原因によるものであって，これを翌期に繰り越すことは妥当ではないことをあげ，原則として原価差異を売上原価に賦課する理由としています。

　他方で，予定価格などが不適当であったために発生する比較的多額の原価差異については，売上原価と期末棚卸資産に配賦されることになっています。この規定にはいくつか疑問があります。まず，「予定価格などが不適当である」とされていますが，これはどのような意味なのでしょうか。原価差異，とりわけ製造直接費の原価差異はその発生原因が価格要因と数量要因に分解できます。価格要因（価格差異と賃率差異）は，主として外部要因によって生じます。たとえば，価格差異は原材料市場における価格の変動で生じます。賃率差異も外部要因の影響を受けます。賃率は基本給と加給金の合計を就業時間で除して計算しますから，固定費である基本給の割合が多くなれば操業度の変動によって賃率が大きく変化する可能性があります。操業度の変化は，基本的には市場における需要の変化に基づきますから，操業度の変化そのも

9.2　標準原価計算の理論　　**185**

のは企業にとって管理不能ですし，しばしば大きな変化を起こすこともあります。

　こうした外部要因の変動に対して，内部要因である数量要因による原価差異（数量差異と作業時間差異）は，標準数量や標準作業時間が適切に設定されていれば，それを達成することが可能だと考えられるので，基本的にはこの要因による原価差異は少額になるはずです。こうしたことから，『基準』は「予定価格などが不適当なために生じた比較的多額」の原価差異について売上原価と期末棚卸資産に配賦することを求めたのだと考えられます。

　次に，「比較的多額」はどのくらいになるのかという疑問です。これについては『基準』は何も指示していませんが，一般的には総製造費用標準原価の1%を基準として原価差額の調整を行うか行わないかを決定する法人税基本通達5-3-3に準拠するものと考えています。

　最後に，標準数量や標準作業時間を原因として生じる比較的多額（総製造費用の1%を超える場合）の原価差異はどうなるかという点です。理論的には，標準数量や標準作業時間は，科学的・統計的調査に基づいて能率の尺度となるように，すなわち到達可能な努力目標として設定されているはずですから，実際数量や作業時間と大きく異なることはないはずです。しかし，厳しい標準数量や標準作業時間が設定されていた場合，特段の異常な状態が存在しなくても原価差異が1%を超えることはあり得ます。また，標準原価とはいっていても，標準消費量や標準作業時間が，「前年比○%減」と設定されているような場合も，適切な原価低減行動をとってもそれが達成可能であるとは限らない場合もあります。標準として設定されている数量要素を達成できない場合，そのすべてが当期の不能率に起因するとはいえない以上，これらの原価差異についても売上原価と期末棚卸高に配賦する必要があると考えられます。

　なお，現在は四半期決算の制度が採用されているため，原則として原価差異は四半期決算時に上述の処理をすべきではありますが，第5章でも述べたように，原価差異が操業度などの季節的な変動に起因して発生したもので，

186　　第9章　標準原価計算

かつ半期あるいは年度末までにほぼ解消されることが見込まれる場合には，継続適用を条件として，半期末あるいは年度末まで繰り延べることも認められています（『企業会計基準』第 12 号「四半期財務諸表に関する会計基準」12 および 50）。

9.3 標準原価計算の実務

9.3.1 原価標準の設定

　調査によれば，標準原価計算を採用している企業は 117 社（58.5%）あり，過半数の企業が利用していることがわかっています。素材系企業では 56 社（60.2%），組立型企業では 52 社（55.9%）でしたので，両者に大きな差異は見られません。ただし，ここで使用されている標準原価が，『基準』の定義する標準原価であるかどうかは微妙なところです。それは，原価標準の設定方法に関する回答からうかがえます。

　図表 9-6 の①から③までは，少なくとも「科学的，統計的調査に基づいて能率の尺度となるよう」設定されたものではないことが明らかです。詳しくは聞いていませんが，④の原価低減目標を織り込んだものも，その方法と

図表 9-6　原価標準の設定方法（複数回答あり）

	全企業		素材系企業		組立型企業	
	社数	割合（%）	社数	割合（%）	社数	割合（%）
①前年度実績	23	19.7	11	19.6	12	23.1
②直前の半期実績	12	10.3	5	8.9	7	13.5
③直前の四半期実績	8	6.8	3	5.4	4	7.7
④原価低減目標を織り込んだもの	49	41.9	27	48.2	18	34.6
⑤その他	27	23.1	10	17.9	13	25.0
無回答	4	3.4	0	0.0	0	0.0
回答企業数	117		56		52	

出典：清水（2014, p.196）に加筆

しては『基準』が考えるような方法もあれば，前年度（半期・四半期）対比
〇％削減といったものまであるでしょう。したがって，少なくとも1/3ほど
の企業が，『基準』が定める標準原価を使用しているわけではないことがわ
かります。とすると，原価差異の計算も，理論が示しているような詳細な分
類をすることに疑問が生じます。この点は後に詳しく説明することにします。
なお，原価低減目標を織り込んだものという回答は，素材系企業で多く
なっています。

9.3.2　標準原価計算の記帳方法に関する実務

　次に，標準原価計算の記帳方法に関する実務を見ていきましょう。

　図表9-7にある修正パーシャル・プラン①は直接材料費の価格が予定価
格となっているケース，②は直接材料費の価格と直接労務費の賃率が予定に
なっているケース，③は製造間接費の配賦率も予定になっているケースです。
いわゆる修正パーシャル・プランを採用する企業は，組立型企業に多く見ら
れました。

図表9-7　標準原価計算の記帳方法

	全企業		素材系企業		組立型企業	
	社数	割合（%）	社数	割合（%）	社数	割合（%）
パーシャル・プラン	17	14.5	9	16.1	6	11.5
シングル・プラン	42	35.9	19	33.9	17	32.7
修正パーシャル・プラン①	18	15.4	10	17.9	8	15.4
修正パーシャル・プラン②	10	8.5	3	5.4	7	13.5
修正パーシャル・プラン③	20	17.1	6	10.7	13	25.0
無回答	10	8.6	9	16.1	1	1.9
回答企業数	117		56		52	

出典：清水（2014，p.203）に加筆

9.3.3　原価差異の種類

(1) 原価差異認識の方法

　まず，原価差異を認識する場合，単に標準原価総額と実際原価総額だけを認識するのか，原価差異を直接材料費差異・直接労務費差異・製造間接費差異に分解するのかについて確認します（**図表 9-8** 参照）。

　おおむね 7 割の企業が原価差異を直接材料費・直接労務費・製造間接費の別に認識しており，この傾向は素材系企業と組立型企業に大きな相違は見られません。しかし，反対に考えると 1/4 強の企業が原価差異総額を計算するにとどめています。このことは，原価標準そのものの意味が関係していると考えられます。先述のように，原価標準に『基準』が規定する標準性を有していないとすると，単に予定された金額と実際の金額が異なるということしか意味しません。もともと原価差異は，直接材料費を例にとれば管理可能な数量部分から生じる差異（数量差異）を管理不能な価格ファクターから切り離すことで，原価管理に有用な情報を提供します。そして，数量差異の意味は，科学的・統計的調査に基づいて能率の尺度となるように設定されている数量からどれほど実際が離れたかを計算することで意味が生まれます。したがって，数量が単なる直前の実際数量であれば，これまでの状況における数量との差を示すにすぎず，差異そのものを分析する意味がなくなってしまうのです。

図表 9-8　原価差異の認識方法（総説）

	全企業		素材系企業		組立型企業	
	社数	割合 (%)	社数	割合 (%)	社数	割合 (%)
直接材料費差異・直接労務費差異・製造間接費差異を計算	82	70.1	38	67.9	36	69.2
標準原価総額と実際原価総額の差を認識するにとどめる	30	25.6	15	26.8	14	26.9
無回答	5	4.3	3	5.4	2	3.8
回答企業数	117		56		52	

出典：清水（2014, pp.198-199）に加筆

(2) 直接材料費の原価差異

　それでは，直接材料費の原価差異についてどのような種類のものが計算されているかを確認してみましょう（図表 9-9 参照）。図表 9-8 で直接材料費・直接労務費・製造間接費の差異計算をしていると答えた 82 社に以下の質問をしています。

　価格差異については，認識のタイミングは異なるものの，ほとんどの企業が採用していることがわかります。これに対して，数量差異はすべての企業が認識しているわけではありません。テキストでは，価格差異と数量差異はセットになって説明されていますが，実態はそうなってはいません。実際原価計算の枠組みでも価格差異は計算できます。受入段階で予定（標準）価格を適用すれば，その後の価格はすべて予定価格で記帳できるので，記帳の簡略化という点にはきわめて有用です。なぜ数量差異を計算しないのかといえば，これらは他の原価差額とともに一括して計算してしまうからであると考えられます。こうしたところに，実務の違いが見えてきます。

　なお，配合差異と歩留差異は素材系企業に多く見られますが，それは複数の原料を混合するという化学メーカーなどの特徴に依拠するものです。

図表 9-9　直接材料費の原価差異（複数回答あり）

	全企業		素材系企業		組立型企業	
	社数	割合 (%)	社数	割合 (%)	社数	割合 (%)
受入価格差異	63	76.8	25	65.8	30	83.3
消費価格差異	27	32.9	12	31.6	10	27.8
数量差異	54	65.9	25	65.8	26	72.2
配合差異	15	18.3	10	26.3	4	11.1
歩留差異	24	29.3	15	39.5	8	22.2
回答企業数	82		38		36	

出典：清水（2014, p.199）に加筆

図表 9-10　直接労務費の原価差異（複数回答あり）

	全企業		素材系企業		組立型企業	
	社数	割合（%）	社数	割合（%）	社数	割合（%）
賃率差異	52	63.4	20	52.6	26	72.2
作業時間差異	49	59.8	23	60.5	20	55.6
労働歩留差異	4	4.9	4	10.5	0	0.0
労働能率差異	23	28.0	8	21.1	13	36.1
回答企業数	82		38		36	

出典：清水（2014, p.199）に加筆

(3) 直接労務費の原価差異

　次は直接労務費の原価差異です（図表 9-10 参照）。賃率については第 2 章で「計算はしているが管理はしていない」と答えている企業があることを示しましたが，ここでも標準原価計算を採用している企業の 2/3 しか利用していないことがわかりました。ただ，素材系企業と組立型企業を比較してみると組立型企業の方が賃率差異の採用率が高くなっています。このことは人的作業の割合が多くなる組立型企業では，直接労務費に関する管理が重要であることを示唆しています。

(4) 製造間接費の原価差異

　製造間接費の原価差異は，差異総額を認識するか，分類しても管理可能差異と管理不能差異に分解するとしている企業が全体の 7 割を超えています（図表 9-11 参照）。組立型企業の方が素材系企業よりも差異総額のみを認識する企業が若干多くなっています。これは，第 5 章で述べた製造間接費予算として固定予算が主として使用されていることに関係していると思われます。固定予算を用いる場合，理論的には予算差異・能率差異・操業度差異に分解することはできますが，実務では基本的には基準操業度における予算額を超過（あるいは節約）した予算差異（管理可能差異）とその他の差異である操業度差異（管理不能差異）に分解するにとどめていることがわかります。予

9.3　標準原価計算の実務　　**191**

図表 9-11　製造間接費の原価差異（複数回答あり）

	全企業		素材系企業		組立型企業	
	社数	割合（%）	社数	割合（%）	社数	割合（%）
差異総額を認識するのみ	43	52.4	18	47.4	23	63.9
管理可能差異と管理不能差異	17	20.7	8	21.1	7	19.4
予算差異と能率差異（変動費のみから計算）と操業度差異	9	11.0	3	7.9	3	8.3
予算差異と能率差異（変動費と固定費から計算）と操業度差異	11	13.4	5	13.2	5	13.9
予算差異と変動費能率差異と固定費能率差異と操業度差異	2	2.4	1	2.6	1	2.8
変動費予算差異・固定費予算差異・変動費能率差異・固定費能率差異・操業度差異	2	2.4	2	5.3	0	0.0
回答企業数	82		38		36	

出典：清水（2014, p.200）に加筆

算は製造間接費一本で作成されているというよりは費目ごとに編成されていますので，予算差異を費目ごとにチェックすることが有用になることから，原価差異の分類は最小限にとどめているのだと考えられます。

(5) 標準原価差異処理方法とそのタイミング

　計算された原価差異は会計期末に処理をしなければなりません。その方法は，『基準』では正常な原価差異は原則として，売上原価に直課，予定価格などが不適当であったために生じた比較的多額の原価差異は売上原価と期末棚卸資産に配賦すると定めていました。

　実務では常に売上原価と期末棚卸資産に配賦する企業が多数を占めており，理論とはまったく反対の結果となっています（図表 9-12 参照）。会計理論とは異なり，税法規定がある以上，標準原価の1%を超える原価差異が発生した場合，それを常に売上原価に賦課することは実務上できません。したがって，常に売上原価に賦課している企業は，1%ルールに抵触していない程度しか原価差異が発生していないと予想できます。このことから，企業は

192　第9章　標準原価計算

図表 9-12　標準原価差異処理方法

	全企業		素材系企業		組立型企業	
	社数	割合（%）	社数	割合（%）	社数	割合（%）
常に売上原価に賦課	14	12.0	6	10.7	8	15.4
常に売上原価と期末棚卸資産に配賦	84	71.8	38	67.9	38	73.1
税法の規定（1%ルール）に従う	13	11.1	7	12.5	5	9.6
その他	2	1.7	1	1.8	1	1.9
無回答	4	3.4	4	7.1	0	0.0
回答企業数	117		56		52	

出典：清水（2014, p.202）に加筆

図表 9-13　原価差異の会計処理のタイミング

	全企業		素材系企業		組立型企業	
	社数	割合（%）	社数	割合（%）	社数	割合（%）
毎月末	48	41.0	23	41.1	21	40.4
四半期末	45	38.5	23	41.1	19	36.5
半期末	14	12.0	4	7.1	8	15.4
年度末	4	3.4	2	3.6	2	3.8
無回答	6	5.1	4	7.1	2	3.8
回答企業数	117		56		52	

出典：清水（2014, p.202）に加筆

はじめから原価差異を売上原価と期末棚卸資産に配賦し，両者を実際原価の近似値として認識するのであると考えられます。

　この点はしばしば言及されている点でもあり（高橋，2005），原価差異が多額に発生することが通常となっている現状においては，また，標準原価の標準性が認められていないような設定条件の下では，原則として原価差異を売上原価と棚卸資産に配賦すべきであると考えられます。

　次に原価差異をどのタイミングで会計処理しているかという点について見ていきましょう（図表9-13参照）。全体の傾向としては四半期末までに会計処理をする企業が8割弱となっています。これは，原価差異までを含めた

9.3　標準原価計算の実務　　**193**

業績，言い換えれば標準原価ではなく実際原価の近似値で算定された原価を
できるだけ早く測定・認識することで，正しい業績測定をすることにあると
考えられます。とりわけ，原料価格の変動が激しくかつ大きい素材系企業で
若干ではありますがこうした傾向が見られました。

(6) 標準原価計算の原価管理の役立ち

　第2節で述べたように，もともと標準原価計算は原価管理への役立ちを第
一に考えて設定されたものです。ここで原価管理について簡単に考えておき
ます。原価管理には様々な定義がありますが，ここでは原価低減を目的とし
て，その目標を設定し，具体的なアクション・プランを策定し（**原価計画**），
行動後に目標と実際を比較してフィードバック情報を得ること（**原価統制**）
であるとしておきましょう。基本的に，原価管理は原価の低減を目指して行
う管理活動です。ただし，原価低減も無理やり行って，製品の品質などを損
なっては意味がありません。安定的かつ実行可能性のある範囲で，生産能率
を向上させることや，代替的な生産方法を導入することで原価を低減させな
くてはなりません。

　一般的には，原価管理の手法には**原価企画**と**原価改善**があると考えられて
います。原価企画は新製品の原価について，商品企画段階にさかのぼって，
そこから量産前までに目標原価を作りこんでいく管理手法です。他方，原価
改善は量産開始後に設定されている原価標準を少しずつ低減していくために
行われる管理活動で，両者量産を境目として適用されます。原価企画で設定
される目標原価は，量産後に原価標準となる場合が多く，実際原価を原価標
準を用いて計算した標準原価の水準に抑えていくことが求められます。また，
継続的に原価改善を行うことで原価標準を引き下げていくことも要求されま
す。

　以上のように標準原価計算は，きわめて限られた領域，つまり原価統制の
みに役立つと考えられます。こうした観点から標準原価計算の原価管理に対
する役立ちについては，企業によって考え方が異なると思われます（**図表**

194　第9章　標準原価計算

図表 9-14　原価管理への役立ち（複数回答あり）

	全企業		素材系企業		組立型企業	
	社数	割合（%）	社数	割合（%）	社数	割合（%）
標準原価を積極的に活用することで原価低減に役立つ	38	32.5	16	28.6	17	32.7
標準原価計算は原価維持に有用である。差異分析を行うことで有用な情報を得ることができる	73	62.4	37	66.1	29	55.8
重要なのは原価低減活動そのものであり，実際原価に対するベンチマーク以外の意味は見出せない	22	18.8	9	16.1	13	25.0
製造現場は材料消費量や工数管理がもっとも重要であり，標準原価計算とは切り離して行われているため，標準原価計算の役割は大きくない	22	18.8	5	8.9	15	28.8
無回答	5	4.3	3	5.3	2	3.8
回答企業数	117		56		52	

出典：清水（2014，p.205）に加筆

9-14 参照）。

　標準原価管理は原価維持に有用であると考える企業が過半数あり，原価低減そのものにも役立つと考える企業はおよそ 1/3 となっていました。他方で，標準原価計算の役割をさほど重視していない企業も一定数あることがわかっています。とくに，素材系企業と組立型企業で差が出ているのが消費量や工数管理は標準原価計算と切り離されている点です。組立型企業は，機械化やロボット化が増加しつつあるとはいうものの，加工や組立において人的な作業が絡むことが多く，こうした作業に伴う能率を物量尺度で測定することがきわめて重要になります。一見すると，こうした場合こそ標準原価の役割が高くなるようにも思えますが，直接生産能率を測定することができるような場合には，原価ではなく物量で評価した方がより理解しやすいことになります。これに対して，こうした物量に関する直接的な効果測定が困難な素材型産業では，工程は機械化されており，原料費と製造間接費が大きくなり直接労務費はさほど大きくはないと推定されます。こうした場合には，数量

9.3　標準原価計算の実務　　**195**

そのもので能率測定をすることにあまり意味はなくなると考えられます。

まとめ

標準原価計算は，企業ではよく使われている手法ではありますが，その本質は少々理論とは異なるようです。理論は，直接材料費における原材料の投入数量，直接労務費における直接作業時間について，科学的・統計的調査に基づいて能率の尺度となるように決定すべきことを求めていますが，実務ではもう少し緩やかな解釈がなされていて，対前年あるいは対前四半期などといった過去の実績を使用したものであったり，過去の実績マイナス〇％というような，継続的にコストダウンをしていこうとする傾向が見て取れます。理論では，まず生産に関する理想的な状況を調査してから原価標準を決めるという形になっていますが，前期比で〇％削減するという形で原価標準を決めておいて，それを実現するために調査を行うという方向性があることがわかります。

他方，原価差異の処理については『基準』と実務では大きく異なり，原価差異はできるだけ早めに売上原価と棚卸資産に配賦するということが行われています。これは，前章で示したようにできるだけ早期に収益性を認識するためであると思われます。

《参考文献》

岡本清（2000）『原価計算』六訂版，国元書房

小林哲夫（1993）『現代原価計算論』中央経済社

清水孝（2014）『現場で使える原価計算』中央経済社

高橋史安（2005）「『原価計算基準』改正の視点」『原価計算研究』29(2)，1–15

補　章

工程別総合原価計算と ERP の
原価計算

本章の論点

　本章では，工程別総合原価計算における理論と実務の異同について，
以下の論点を説明します。

① 　累加法の計算

② 　非累加法の計算

③ 　ERP システムにおける工程別総合原価計算

A.1 　問題の所在と背景

A.1.1 　工程別原価計算の意義

　ここまでの総合原価計算は，すべて工程が単一である原価計算を想定して
いました。他方で，個別原価計算では，複数の製造部門が存在することが示
されており，個別原価計算と総合原価計算では若干異なる立て付けになって
いたことに気づかれた読者も多いと思います。基本的に，ある程度の企業規
模になれば，工程や製造部門は複数あることが当然です。こうした場合に実
施される総合原価計算が**工程別総合原価計算**です。

　なお，すでに述べたように，工程と製造部門は同じことを意味しています。
実務では，両者を区別せずに使用することもあります。たとえば，注文生産

197

を行っている企業が個別原価計算を採用している場合，製造部門として切削部門，研磨部門および組立部門があるとします。切削部門で切削された原料が研磨部門で研磨され，それが部材として組立部門に回されるようなことが想定されます。市場生産を行っている企業が工程別総合原価計算を採用している場合でも，同様に3つの工程（製造部門）があり，これら3つの工程を通じて製品を生産する場合があります。この場合には，切削工程，研磨工程および組立工程などと称しますが，工程は製品の直接的な製造にかかわる製造部門であることに違いはありません。

A.1.2　工程別総合原価計算と ERP 原価計算

工程別総合原価計算には，第2節で示すように3つの種類があります。それが**累加法，非累加法**，そして**加工費工程別総合原価計算**です。『基準』25では累加法が説明されており，一般的には工程別総合原価計算といえば累加法が想定されています。他方，非累加法は独特な考え方であるとともに，記帳に手間がかかるため実務ではあまり利用されていないと考えられていました。

伝統的な原価計算では，工程別総合原価計算を行う場合，実際原価計算＋累加法が想定されてきました。標準原価計算を使用する場合には，工程完成品原価が標準原価になっていますので，実質的には累加法になります。これに対して，近年で多くの企業が採用するようになった ERP システムに付随する原価計算システムでは，少し様子が変わってきています。そこでは，標準（予定）原価計算＋非累加法という手法がとられています。原価計算システムの変化に伴い，原価計算の内容が変化しているのです。

ERP は Enterprise Resource Planning の略称で，企業の資源計画を指しています。そして，企業の最適な資源計画を実現するために導入されるのが，統合型基幹業務システムのパッケージを ERP システムと呼びます。ERP システムそのものは資源計画システムなのですが，人的労働や原材料などの計画がすべて盛り込まれているため，その一部として原価計算のパッケージが

198　　補章　工程別総合原価計算と ERP の原価計算

図表 A-1　ERP システムと原価計算の方法（複数回答あり）

	全企業		素材系企業		組立型企業	
	社数	割合（%）	社数	割合（%）	社数	割合（%）
ERP のコンポーネントで原価計算を行っている	19	17.4	9	17.6	6	12.0
ERP のコンポーネントで原価計算を行っているが，原価差異は期末に調整をする	36	33.0	21	41.2	13	26.0
ERP のコンポーネント以外の原価計算機能をアドオンして原価計算を行っている	14	12.9	5	9.8	9	18.0
ERP システム外で原価計算を行っている	38	34.9	14	27.5	23	46.0
無回答	2	1.8	2	3.9	0	0.0
回答企業数	109		51		50	

出典：清水他（2011，p.74）に加筆

付随しています。つまり，原価の流れを主として見るのではなく，モノやサービスの流れを主として，そこに原価を貼り付けていくのです。

　このような ERP システムを導入している企業は，200 社中 109 社（素材系企業 51 社，組立型企業 50 社）にのぼっています。この 109 社が原価計算をどのように行っているのかが図表 A-1 に示してあります。

　図表 A-1 からは素材系企業と組立型企業との間に興味深い相違が読み取れます。ERP のコンポーネント（モジュール）で原価計算を行っている企業は素材系企業で 58.8％あるのに対して，組立型企業では 38.0％しかありません。他方，原価計算システムは ERP システムの外にあるとした企業は素材系企業が 27.5％であるのに対して組立型企業では 46.0％となっています。このことは，現状では ERP システムに付随する原価計算コンポーネントのあり方が，積極的に考えれば素材系企業に適しているか，消極的に考えれば組立型企業には向いていないかいずれかに起因すると思われます。著者の経験から言えば，素材系企業の方が，設備に原材料を投入して加工するといった生産プロセスが単純であるとともに認識が容易であること，あるいは

A.1　問題の所在と背景　　**199**

生産プロセスが組立型企業のように可視化できないため，カスタマイズされた原価計算システムを保有する必要性が小さいことが考えられます。

産業別の導入状況に違いはあるものの，ERP システムおよびその原価計算コンポーネントの利用は今後ますます多くなるものと想定されています。

さて，ERP システムに付随する原価計算コンポーネントでは，伝統的な原価計算とは少し異なる手続をとります。それは，各工程で投入された財やサービスの標準（予定）原価をその都度積み上げていくという方法です。ある工程で投入された原材料費，直接労務費および製造間接費が，これらが投入される都度標準（予定）原価で認識されていき，次工程に送られていきます。こうした原価計算のプロセスによって，最終完成品は，どの工程で投入された原材料費，直接労務費および製造間接費がいくらかかっているかが明確にわかるようになります。そして，各工程にある仕掛品原価は，各工程で製造費用を完成品と仕掛品に分解して計算されるのではなく，月末に原価標準を乗じて算定されます。こうした流れは，標準（予定）原価計算を非累加法で行う形になっています。以下ではこの形について説明していくことにします。

A.2　工程別総合原価計算の理論

工程別総合原価計算には，累加法，非累加法および加工費工程別総合原価計算の3種類があります。以下でそれぞれについて概観していきます。

A.2.1　累 加 法

今，3つの工程，たとえば切削工程，研磨工程および組立工程があると仮定しましょう。部材となる購入原料を切削し，表面を研磨して，これらを組み立てて製品を生産します。

図表 A-2 は切削工程と研磨工程の流れを示しています。このとき，切削

200　補章　工程別総合原価計算と ERP の原価計算

図表 A–2　累加法の考え方

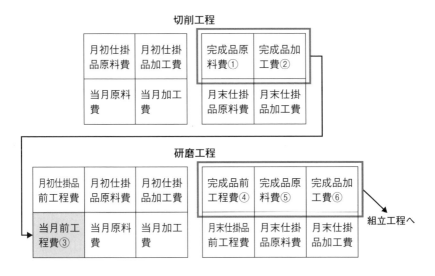

工程には原料費と加工費（直接労務費＋製造間接費）が投入されますので，工程完成品には切削工程原料費①と切削工程加工費②が含まれていることになります。

切削工程で切削された部材は，研磨工程に送られますが，その時に原価としては切削工程完成品原料費①と切削工程完成品加工費②の合計が，研磨工程の**前工程費**という区分に送られます。

同様に研磨工程の完成品には前工程費④，研磨工程原料費⑤および研磨工程加工費⑥が含まれており，これらの合計が組立工程に送られて組立工程の前工程費となります。最終工程である組立工程には，切削工程原価および研磨工程の原価が前工程費というくくりに一括して含められています。

累加法は，このようにそれ以前の工程で投入された原価が合算されて，当該工程に投入されるという形をとります。なお，前工程費は基本的には直接材料費（原料費）と同じ計算方法をとります。部材を前工程で加工すれば前工程費，他社から購入すれば原料費あるいは買入部品費になります。両者は単に内部生産されたものか外部から購入したものかの違いにすぎません。

A.2　工程別総合原価計算の理論　　**201**

このとき，研磨工程における前工程費には，切削工程の原料費と加工費が合算されています。現在のIT技術から言えば，これを区別して認識したり表示したりすること（つまり，前工程費というひとつのくくりではなく，切削工程原料費と切削工程加工費に分けること）はまったく問題がありませんが，原料や材料は数種類，場合によっては数百種類にのぼることもあり，かつてはこれらを別々に認識することは技術上不可能であったため，前工程費という勘定にまとめておいたのです。

A.2.2 　非 累 加 法

非累加法では，工程別の計算を行いません。先の例では3つの工程がありますが，これをひとつの工程として認識し，仕掛品の計算をしていきます。非累加法の特徴は，各工程で投入された原価が，最終製品にどれほどかかっているかを知ることができることにあります。したがって，各工程で変更があったときに，それが最終製品の原価にどのように影響が出るかを知ることができるというメリットがあると考えられてきました。

先ほどの3つの工程を例に考えてみます。切削工程で投入された原料は加工されて，完成品は研磨工程に送られて，未完成品は切削工程の月末仕掛品となります。なお，月末仕掛品は翌月初に月初仕掛品となります。さて，研磨工程に送られた切削工程完成品は，研磨作業が完了すれば組立工程に送られて，未完成品は研磨工程の月末仕掛品になります。そして，組立工程に送られた切削工程完成品は組立作業が終われば最終完成品となり，未完成品は組立工程の月末仕掛品になります。これらの関係を仕掛品と最終完成品で表したものが**図表A-3**になります。

図表A-3から明らかなように，切削工程で投入した原料費と加工費がどこにいくらあるかが明確になっています。このように，3つの工程があっても，工程別に計算をするのではなく，ひとつの流れにまとめてしまうのです。

しかし，先述のように，今日のIT技術を用いれば，累加法であっても組立工程で組み立てた完成品に，切削工程原料費，切削工程加工費，研磨工程

202　補章　工程別総合原価計算とERPの原価計算

図表 A–3　非累加法の考え方

切削工程費

切削工程月初仕掛品中の切削工程原料費	切削工程月初仕掛品中の切削工程加工費	最終完成品中の切削工程原料費	最終完成品中の切削工程加工費
研磨工程月初仕掛品中の切削工程原料費	研磨工程月初仕掛品中の切削工程加工費		
組立工程月初仕掛品中の切削工程原料費	組立工程月初仕掛品中の切削工程加工費	切削工程月末仕掛品中の切削工程原料費	切削工程月末仕掛品中の切削工程加工費
		研磨工程月末仕掛品中の切削工程原料費	研磨工程月末仕掛品中の切削工程加工費
切削工程当月原料費	切削工程当月加工費	組立工程月末仕掛品中の切削工程原料費	組立工程月末仕掛品中の切削工程加工費

原料費，研磨工程加工費，組立工程原料費および組立工程加工費がどれくらいかかっているかを認識することは難しくはありません。前工程費というひとくくりではなく，その中を細かく分けていくことは，技術上何の問題もないからです。

　さらに言えば，非累加法は，各工程で仕損や減損があった場合には，計算がきわめて面倒になります。こうしたこともあって，非累加法は理論的にも語られることはあまりありませんでしたし，実務ではほとんど使用されていないと考えられていました。

A.2.3　加工費工程別総合原価計算

　なお，累加法と非累加法のちょうど中間的な形態である**加工費工程別総合原価計算**という方法も以前より使用されてきました。この方法は，直接材料費・原料費については非累加法，加工費については累加法を使用する方法で

A.2　工程別総合原価計算の理論　**203**

す。最初の工程で原料を投入し，後の工程では原料を追加投入せずに加工を
するような場合や，プラットフォームに部品を組付けていくだけのような加
工プロセスをとる企業では，直接材料費や原料費は，完成品や各工程の仕掛
品にどのくらいかかっているかが明確にわかってきますので，工程別に原価
計算をする必要がなく，こうした方法が適用されていきます。

A.3　工程別総合原価計算の実務

A.3.1　ERP システムの原価計算モジュール

　第1節で示したように，ERP システムに付随する原価計算のコンポーネ
ントによって原価計算を行うと，それは『基準』にあるような形とは異なる
ものとなっています。ここで計算例をあげてみましょう。

　ある工場には A 部品組立工程，B 部品組立工程および最終組立工程がある
とします。A 部品組立工程では，購入された基盤に部品 #101 と部品 #102
を組付けてモジュラー部品 P を生産します。B 部品組立工程では，部品
#201 に #202 と #203 を組付けてモジュラー部品 Q を生産します。最終組
立工程では，モジュラー部品 P と Q を筐体に組み立てて完成品とします。
このときに予定されている各部品および加工作業の予定は図表 A–4 のよう
になっています。

　この結果，A 部品組立工程の原価標準は 2,343.2 円，B 部品組立工程のそ
れは 3,686 円，最終組立工程は 2,450 円ということになります。最終完成品
の中に含まれる各工程で投入されたすべての原価が見えるような形になって
おり，単純に前工程の原価を前工程費という一括した形ではなく，非累加法
の原価計算に他なりません。

　なお，これは標準原価の形はとっていますが，それぞれの消費量や作業時
間は，『基準』がいうところの標準ではない形であることが多く，各工程で
完成した数量に原価標準あるいは予定を乗じて計算していく予定原価の

204　　補章　工程別総合原価計算と ERP の原価計算

図表 A-4　ある工場の予定原価

A 部品組立工程	基盤	@500 円	1	500 円
	#101	@280 円	1	280 円
	#102	@190 円	2	380 円
	材料副費	@0.02 円/材料 1 円	1,160 円	23.2 円
	直接労務費	@800 円	0.8 時間	640 円
	機械加工費	@650 円	0.8 時間	520 円
B 部品組立工程	#201	@800 円	1	800 円
	#202	@500 円	1	500 円
	#203	@1,000 円	1	1,000 円
	材料副費	@0.02 円/材料 1 円	2,300 円	46 円
	直接労務費①	800 円	0.3 時間	240 円
	直接労務費②	1,000 円	0.5 時間	500 円
	機械加工	1,200 円	0.5 時間	600 円
最終組立工程	筐体	2,000 円	1	2,000 円
	材料副費	@50 円/個	1	50 円
	直接労務費	800 円	0.5 時間	400 円

形になっています。

A.3.2　工程別総合原価計算の実務

　総合原価計算を行っている企業が採用している工程別総合原価計算は，図表 A-5 に示している通りとなっています。全体としては累加法が 38.3％ともっとも多く，次いで予定原価・標準原価法が 29.8％となっています。加工費工程別総合原価計算および非累加法の採用率は低くなっていることがわかります。なお，非累加法を使用している素材系企業のうち，ERP のコンポーネントで原価計算を行っており，原価差異を期末調整している企業が 2社，アドオンしたソフトで原価計算をしている企業が 1社，ERP を導入していない企業が 2社でした。同様に，組立型企業では，ERP のコンポーネントで原価計算を行い原価差異を期末調整している企業が 1社，ERP のシステム

図表 A-5　工程別総合原価計算（複数回答あり）

	全企業		素材系企業		組立型企業	
	社数	割合（%）	社数	割合（%）	社数	割合（%）
累加法	54	38.3	39	57.4	13	28.3
加工費工程別総合原価計算	12	8.5	6	8.8	5	7.4
非累加法	9	6.4	5	7.4	4	8.7
予定原価・標準原価	42	29.8	16	23.5	22	47.8
その他	4	2.8	2	2.9	2	4.3
無回答	25	17.7	8	10.5	13	22.0
回答企業数	141		76		59	

出典：清水（2014, p.177）に加筆

外で原価計算を行っている企業 1 社，ERP は導入しているが原価計算の方法について無回答企業 1 社，ERP を導入していない企業 1 社で，両産業において大きな差は見出せません。

　ところで，累加法と予定原価・標準原価法は，産業によって大きく異なる点については注目に値します。素材系企業では過半数の企業が累加法を使用しているのに対して，組立型企業ではおよそ半数の企業が予定原価・標準原価による工程別原価計算を行っています。典型的な素材系企業では，工程のプロセスは，第 1 工程の始点で原料が投入され，（原料が追加されることがあっても）継続的かつ連続的に加工が行われていく形です。したがって，ある工程で完成した製品の実際原価を次工程に振り替えていくことが合理的です。これに対して，組立型企業では，非常に多くの工程が複雑に連携して最終製品を生産しています。このため，実際原価の計算を待たずに振り替えることが可能な予定原価・標準原価を使用することが合理的なのだと考えられます。

　ただし，このような分類からは不十分な情報しか引き出せない可能性があります。それは，用語の理解によるものです。調査は研究者が作成した原価の分類に基づいて行われていますが，そのような分類が実務では意味がない

ことも多く，調査ではできるだけ平易な言葉を用いて質問するよう心掛けましたが，意図した内容とは異なる意味で理解されている場合が少なからずあると考えられるからです。

　たとえば，ERP システムの原価計算モジュールで行われる原価計算は，「非累加法による標準原価計算」であると述べました。しかし，これが標準原価計算であるためには，それぞれの原価要素の消費数量が「科学的，統計的調査に基づいて能率の尺度となるよう」設定されている必要があります。単に前年度（あるいは前四半期・前月）マイナス○％というような設定の仕方は，現場では標準原価として設定されていても理論的な標準原価とは言えません。とはいえ，原価低減目標は含まれていることも多く，科学的・統計的調査に基づいてはいませんが，継続的改善という観点から，能率の尺度としての機能は持っていると考えられます。

　このように，原価計算の方法は新しくなってきていますが，原価計算の理論的根拠である『原価計算基準』は 1962 年以来改正されておらず，現状に合わないという批判がなされているのです。

　『基準』の改定はともかく，原価計算の研究を行う場合には，ERP などの情報システム，生産技術および計算技術の現代的な状況に基づいていかなければならないのです。

まとめ

　本章では，工程別総合原価計算の理論を解説した上で，原価計算のテキストではあまりなじみのない ERP システムの原価計算モジュールによる原価計算について理論と比較しながら述べてきました。『基準』には触れられていませんが，理論としては以前よりあった非累加法がERP の原価計算の中で実現しているのは，きわめて興味深いところです。

　原価計算の理論が出来上がったころは，手計算で原価を集計していたと考えられます。しかし，今日ではコンピュータの発展により，昔なら

まとめ　　**207**

到底できなかったような計算（たとえば**図表 A-2** のような累加法）も，データさえそろえば表計算のソフトを使用して簡単にできる時代になってきました。IT システムの発展に伴い，従来は不可能だった計算が徐々に可能になってきているので，こうした状況に合わせた原価計算システムの構築を理論も実務も追及していかなければならなくなってきているのです。

《参考文献》

清水孝（2014）『現場で使える原価計算』中央経済社

清水孝・小林啓孝・伊藤嘉博・山本浩二（2011）「わが国原価計算実務に関する調査（第1回）原価計算総論と費目別原価計算」『企業会計』63(8)，72-81

索　引

■ あ 行

アウトプット法　180

一個流し　2
移動平均法　17
インプット法　179

■ か 行

階梯式配賦法　53
外部失敗コスト　119
加給金　34
加工時間　31
加工費　104
加工費工程別総合原価計算　198, 203
価値移転計算　54
価値移転的計算　160
活動基準原価計算　63
活動原価　64
勘定科目精査法　85
間接経費　50
間接工　30
間接材料費　50
間接作業時間　31
間接労務費　29, 33, 50

期間標準原価　174
基準操業度　83
期待実際操業度　84
基本給　34
金額基準　50

組間接費　157
組製品　154
組直接費　157
組別総合原価計算　5, 101, 153, 154
グループ別階梯式配賦法　59, 60

継続記録法　19
原価維持　176
原価改善　194
原価管理　176
原価企画　194
原価計画　194
原価計算基準　1
原価差異　174
原価統制　194
原価標準　5, 174
減損　117

公式法変動予算　86
工場支援レベルの活動　64
工場全体の平均賃率　34
高低点法　85
工程平均発生　120
工程別総合原価計算　10, 101, 197
購入原価　14
購入代価　14
購入単価　14
コスト・ドライバー　64
固定予算　85
個別原価計算　5
個別法　16

209

固変分解　85

■ さ　行

サービスの消費能力　71, 76
最小二乗法　71, 85
材料外部副費　14
材料内部副費　14
材料費　12
材料副費　14
先入先出法　17, 108
作業時間報告書　35
散布図表法　85

仕掛品　105
　　　――の評価方法　9
時間基準　50
仕損・減損の処理　10
仕損品　117
仕損品評価　121
実際原価　4
実際単価　14
実際的生産能力　72, 84
実際配賦率　79
実査法変動予算　86
就業時間　34
修正パーシャル・プラン　180
主産物　162
準固定費　86
職種別平均賃率　34
シングル・プラン　179

数量基準　50

正常市価　161
正常操業圏　87
正常操業度　84
製造間接費　6, 50
製造間接費配賦差異　88

製造間接費予算　9
製造直接費　6, 49
製造部門　52
製品支援レベルの活動　64
セル生産　2

総括配賦　51
総括予定配賦率　82
操業度差異　88
相互配賦法　53
総平均法　18
素価　50

■ た　行

棚卸計算法　19
棚卸減耗　19
単一基準配賦法　70, 83
単一工程単純総合原価計算　101
単純個別原価計算　101
単純総合原価計算　5
段取時間　31

直接経費　49, 107
直接工　30
直接工間接作業・手待賃金　33
直接工直接作業賃金　33
直接作業時間　31
直接配賦法　53
直接労務費　29, 33
直課　22, 49
賃率　34

定点発生　120
手直し　118
手待時間　31

等価係数　102, 155
等級製品　154

210　　索　引

等級別総合原価計算　101, 153, 154
度外視法　122

■ は　行 ─────────────
パーシャル・プラン　179
売価還元法　108
配賦　22, 50, 160
配賦基準　50, 54
バッチ生産　2
バッチレベルの活動　64

標準原価　4, 174
標準原価計算　10, 173
非度外視法　128
非累加法　198, 202

賦課　22, 49, 160
副産物　156, 162
　──の価額　162
複数基準配賦法　9, 70, 83
歩減り　117
部門共通費　53
部門個別費　52
部門別個別原価計算　101
部門別配賦　51
部門別予定配賦率　82

平均法　108

補助部門　52

■ ま　行 ─────────────
前工程費　201

無視法　108

■ や　行 ─────────────
ユニットレベルの活動　64

予算差異　88
予定価格　18
予定原価　174
予定原価あるいは正常原価で評価する方
　法　108
予定単価　14
予定配賦率　79
予防コスト　119

■ ら　行 ─────────────
累加法　198, 201

歴史的原価　89
連産品　102, 156
　──の原価計算　101, 153

労務費　29
ロット生産　2
ロット別個別原価計算　5, 102, 154

■ 英　字 ─────────────
ABC　63
ERP　11, 198

索　引　**211**

著者紹介

清水 孝 (しみず たかし)

1982年早稲田大学商学部卒業。1991年同大学院商学研究科博士後期課程単位取得満期退学。2000年博士（商学）早稲田大学

1991年朝日大学経営学部専任講師，1994年同助教授，1995年早稲田大学商学部専任講師，1997年同助教授，2002年同教授を経て，2005年より早稲田大学大学院会計研究科教授。2016年よりめぶきフィナンシャルグループ外部取締役。

2006年度から2008年度まで公認会計士試験委員。2002年から2003年までカリフォルニア大学バークレー校客員研究員。IMA（米国公認管理会計士協会）東京支部支部長。

主 要 著 書

Management Control Systems in Japan（Routledge，2017）

『原価計算（改訂版）』（税務経理協会，2017年）

『スタンダード管理会計（第2版）』（共著，東洋経済新報社，2017年）

『現場で使える管理会計』（中央経済社，2015年）

『現場で使える原価計算』（中央経済社，2014年）

『戦略実行のための業績管理』（中央経済社，2013年）

『68シーンで完全マスター！　今すぐ使えるワンランク上の実践ビジネス英語』（共編著，東洋経済新報社，2013年）

『上級原価計算（第3版）』（中央経済社，2011年）

他多数

ライブラリ 論点で学ぶ会計学—4
論点で学ぶ原価計算

2018 年 7 月 10 日 ©　　　　　　　　初 版 発 行

著 者　清 水　　孝　　　　発行者　森 平 敏 孝
　　　　　　　　　　　　　印刷者　小宮山恒敏

【発行】　　　　株式会社　新世社
〒151-0051　東京都渋谷区千駄ヶ谷1丁目3番25号
編集☎(03)5474-8818(代)　　サイエンスビル

【発売】　　　　株式会社　サイエンス社
〒151-0051　東京都渋谷区千駄ヶ谷1丁目3番25号
営業☎(03)5474-8500(代)　　振替　00170-7-2387
FAX☎(03)5474-8900

印刷・製本　小宮山印刷工業(株)
《検印省略》

本書の内容を無断で複写複製することは，著作者および
出版者の権利を侵害することがありますので，その場合
にはあらかじめ小社あて許諾をお求め下さい。

ISBN978-4-88384-278-0
PRINTED IN JAPAN

サイエンス社・新世社のホームページのご案内
http://www.saiensu.co.jp
ご意見・ご要望は
shin@saiensu.co.jp まで.

会計学叢書 Introductory

原 価 計 算

奥村輝夫・齋藤正章・井出健二郎 著
A5判／264頁／本体2,600円（税抜き）

予備知識を持たない初学者であっても，一読することで原価計
算の基礎が理解できる入門に最適なテキスト。新しい公認会計
士試験の試験範囲を参考とし，その中から精選した基本的な内
容を図表や計算例を豊富に盛り込み解説した。

【主要目次】
原価計算の基礎／実際原価計算／部門別原価計算／活動基準原価計
算（ABC）／総合原価計算／工程別総合原価計算／その他の総合原
価計算／標準原価計算／直接原価計算／短期利益計画入門／差額原
価収益分析入門／設備投資の経済性計算入門

発行 新世社　　　発売 サイエンス社

会計学叢書 Introductory

管 理 会 計

武脇　誠・森口毅彦・青木章通・平井裕久　著
A5判／304頁／本体2,900円（税抜き）

管理会計をはじめて学ぶ大学生・ビジネスマンのための入門テキスト。図表を多く使用し，分かりやすい表現に努めた。計算問題が苦手な人のために例題を多く掲げ，解いていく過程で自然と知識が身につくよう工夫した。基礎知識のみならず最新の動向や上級の内容を加え，公認会計士試験や簿記検定試験の基礎テキストとしての役割も果たしている。重要語・部分を色文字で示し，学習を助ける。

【主要目次】
第Ⅰ部　管理会計概説
　管理会計の基礎
第Ⅱ部　業績管理会計
　CVP分析／予算管理／在庫管理／事業部制会計
第Ⅲ部　意思決定会計
　業務的意思決定／戦略的意思決定
第Ⅳ部　管理会計の新しい課題
　原価企画／バランスト・スコアカード／ABC/ABM／品質原価計算

発行 新世社　　　発売 サイエンス社

新経営学ライブラリ 9

管理会計論
第2版

上總康行 著
A5判／392頁／本体3,100円（税抜き）

現代管理会計の理論と実践を平易に説き，広く好評を得てきた
テキストの最新版。総合管理のための会計を中心とした，重層
的管理会計論という理論フレームワークを継承しつつ，新たな
管理会計技法の解説や，わが国の戦後管理会計史，ミニプロフ
ィットセンターの利益管理といったテーマを加え，記述を大幅
に拡充した。

【主要目次】
Ⅰ　管理会計の基礎
企業管理と企業会計／管理会計の歴史——アメリカ管理会計史序説
／わが国の戦後管理会計史／管理会計の体系
Ⅱ　戦略的計画設定のための会計
中期利益計画／戦略分析会計／中期個別会計——個別戦略の実行を
支援する会計／資本予算
Ⅲ　総合管理のための会計
短期利益計画／予算管理／限界利益による予算管理——直接原価計
算の展開／事業部制会計／ミニプロフィットセンターの利益管理
Ⅳ　現業統制のための会計
購買管理会計／生産管理会計／販売管理会計

発行 新世社　　　発売 サイエンス社

ライブラリ ケースブック会計学

1. ケースブック会計学入門 第4版

永野則雄 著　A5判／240頁／本体2,000円(税抜き)

2. ケースブック簿記会計入門

佐藤信彦・泉　宏之 著　A5判／216頁／本体1,680円(税抜き)

3. ケースブック財務会計

平野智久 著　A5判／304頁／本体2,700円(税抜き)

4. ケースブック管理会計

上總康行 著　A5判／296頁／本体2,550円(税抜き)

5. ケースブックコストマネジメント 第2版

加登　豊・李　建 著　A5判／320頁／本体2,450円(税抜き)

6. ケースブック監査論 第5版

吉見　宏 著　A5判／240頁／本体2,500円(税抜き)

発行 新世社　　　発売 サイエンス社